实通智效：
智慧法院建设的盐田实践

中国社会科学院法学所国际法所法治战略研究部
深圳市盐田区人民法院　联合课题组　著

SOILD, CONNECTED, INTELLIGENT, AND EFFECTIVE:
THE YANTIAN PRACTICE OF BUILDING SMART COURTS

中国社会科学出版社

图书在版编目(CIP)数据

实通智效:智慧法院建设的盐田实践/中国社会科学院法学研究所国际法研究所法治战略研究部,深圳市盐田区人民法院联合课题组著.—北京:中国社会科学出版社,2020.12

(国家智库报告)

ISBN 978-7-5203-7482-8

Ⅰ.①实… Ⅱ.①中…②深… Ⅲ.①法院—信息化建设—经验—深圳 Ⅳ.①D926.22-39

中国版本图书馆 CIP 数据核字(2020)第 222774 号

出 版 人	赵剑英
项目统筹	王 茵 喻 苗
责任编辑	范晨星 李 沫
责任校对	闫 萃
责任印制	李寡寡

出 版	中国社会科学出版社
社 址	北京鼓楼西大街甲 158 号
邮 编	100720
网 址	http://www.csspw.cn
发 行 部	010-84083685
门 市 部	010-84029450
经 销	新华书店及其他书店

印刷装订	北京君升印刷有限公司
版 次	2020 年 12 月第 1 版
印 次	2020 年 12 月第 1 次印刷
开 本	787×1092 1/16
印 张	9.5
插 页	2
字 数	101 千字
定 价	59.00 元

凡购买中国社会科学出版社图书,如有质量问题请与本社营销中心联系调换
电话:010-84083683
版权所有 侵权必究

课题组负责人

刘小妹，中国社会科学院国际法研究所研究员，法学博士。

课题组成员

杨爽，深圳市盐田区人民法院党组书记、院长，二级高级法官。

邓子滨，中国社会科学院法学研究所研究员、教授、博士生导师。

徐持，中国社会科学院法学研究所助理研究员，法学博士。

张明军，深圳市盐田区人民法院党组成员、政治部主任。

黄晶晶，深圳市盐田区人民法院审判管理办公室（研究室）主任，一级法官。

摘要："十三五"期间人民法院信息化建设取得巨大成就，"智审、智执、智服、智管"的智慧法院体系基本建成，人民法院信息化3.0版深化完善。党的十九届五中全会对坚持创新驱动发展作出重大部署，为人民法院全面深化智慧法院建设、促进审判体系和审判能力现代化提供了根本遵循。认真谋划和推进"十四五"时期智慧法院建设，一方面要加强顶层设计和统筹，另一方面应及时总结和推广富有成效的地方经验，立足实践需求，下足细节功夫，进一步强弱项、补短板、增质效、解新题。

通过实地走访调研，课题组发现，智慧法院建设取得举世瞩目的成绩，得益于全国各级法院的共同努力和交流互鉴。最高人民法院为智慧法院建设夯基垒台、立柱架梁，地方法院实干笃定、各展神通。深圳盐田法院结合基层工作实际，充分发挥自身优势，走出一条基层智慧法院建设的特色之路：以目标为导向，推动全流程数字化办案落地起效；以法官为本位，采用JEC模式，提升法官审判能力与质效；以改革为重点，保障司法改革成果与智慧法院建设交融互促；以便民为追求，不断满足人民群众多元司法需求。自2017年4月被广东省高院确定为全省"智慧法院"试点单位以来，盐田法院率先在全国实现全流程无纸化办案，智慧法院建设取得丰硕成果，体现了"实通智效"的突出特点：坚实基础，全面筑牢建设根基；融合贯通，深化协同机制效应；交互运智，整体增进司法能力；以智促效，提升智慧法院效能。实为基础，通为前提，智为运用，确保建设取得良好成效，这些经验和心得值得系统总结和借鉴推广。

全面深化智慧法院建设，推动顺应时代进步和科技发展的诉讼制度转型，要在既有建设基础上守正创新，以更宽广视野不断拓展智慧法院发展路径。课题组认为，全流程数字化办案和电子卷宗深度应用是必须抓牢的"牛鼻子"，构建深层次治理规则和制度，强化网络数据安全保障体系，加强对人工智能、区块链、系统融合等前沿问题的研究应用，建立外部专家独立评估机制等可成为加快智慧法院建设步伐的重要着力点。

关键词：智慧法院；实通智效；全流程数字化办案

Abstract: China has made huge achievements in the informatization of people's courts during the period of the 14th Five-year Plan: the construction of a smart court system characterized by "smart trial, smart service and smart governance" has been basically completed and the Court Informatization System Version 3.0 has been further improved. The Communist Party of China made major arrangements for innovation-driven development at the Fifth Plenary Session of its Nineteenth Central Committee, laying down fundamental principles to be followed by people's courts in constructing smart court in an all-round way and in modernizing the trial system and capacity. To further advance the construction of smart court in the period of the 14th Five-year Plan, China should, on the one hand, strengthen the top-level design and overall planning and, on the other hand, timely summarization and popularize successful local experiences, base itself on practical needs, pay attention to details, strengthen weak points, improve quality and efficiency, and solve new problems.

Through field investigations, the Project Team has found out that the remarkable achievements made by China in the construction of smart courts own a great deal to the joint efforts made by and the exchange and mutual learning between people's courts at various levels in the whole country. The Supreme People's Court has laid a solid foundation and built the framework for the construction of smart courts and local people's courts have carried out the concrete work in a down-to-earth manner, with each showing its special prowess, in the actual construction of smart court. In recent years, the People's Court of Yantian District, Shenzhen City, Guangdong Province, by basing itself on the grassroots practice and giving full play to its own advantages, has developed an approach to the construction of grassroots smart court with its own characteristics, namely promoting the whole-process digital handling of cases by being target-oriented, adopting the judge-based JEC mode to enhance the trial capacity of judges and the quality and efficiency of trial, taking the reform as the emphasis to guarantee the integration and mutual promotion between the results of judicial reform and the construction of smart courts, and taking the convenience for the people as the aim to continuous meet the people's diversified judicial needs. Since it was chosen by the Higher People's Court of Guangdong Province as the pilot unit for the construction of smart court in the province in April 2017, the Court has taken the lead in the whole country to realize whole-process paper-less handling of cases and achieved fruitful results in the construction of smart court. These results embody the prominent characteristics of "solidness, connectedness, intelligence and effectiveness": laying a solid foundation and comprehensively strengthening the basis of the construction; attaching importance to integration and connection and enhancing the effect of the coordination mechanism; building overall judicial capacity through interactive application of intelligence; and improving the efficiency of smart courts through intelligence. By taking solidness as the basis, connectedness as the premise, and intelligence as the application, it has achieved good results in the construction of smart court. These experiences are worthy of systematic summarization and generalization.

In order to deepen the construction of smart court and promote the adapt the litigation system to the development of the times and the progress of science and technology, China must, on the basis of existing achievements, adhere to the right course, make innovations, and continuously expand the development path of smart courts with an increasingly broad view. The Project Team holds that the deep application of whole-process digitalized handling of case and electronic case file are the key links that must be firm grasped by China in the construction of smart courts and constructing deep-level governance rules and institutions, reinforcing the network and data security safeguarding system, strengthening the researches on and application of such frontier technologies as AI, block chain and system integration, and establishing a mechanism for external evaluation by independent experts are the focuses of future efforts to be made by China in speeding up the construction of smart courts.

Keywords: smart court; solidness, connectedness, intelligence and effectiveness; whole-process digitalized handling of cases

目 录

引 言 …………………………………………（1）

一 新时代智慧法院建设的目标和现状 …………（1）
  （一）智慧法院建设的目标和价值 ……………（2）
  （二）全国智慧法院建设的现状 ………………（8）

二 盐田智慧法院建设的探索与创新 ……………（20）
  （一）坚持科学导向 ……………………………（21）
  （二）明确建设目标 ……………………………（24）
  （三）整体建设方案 ……………………………（28）

三 基础坚实 全面筑牢建设根基 ………………（36）
  （一）机制创新：盐田智慧法院的特色
       优势 ………………………………………（36）
  （二）技术支撑：智慧法院建设的信息
       基础 ………………………………………（43）
  （三）设施完善：智慧法院建设的硬件
       保障 ………………………………………（50）

四 融合贯通 深化协同机制效应 …………… (54)
　(一) 数字化办案的盐田三全模式 ………… (54)
　(二) 内部建设与外部建设内外贯通 ……… (58)
　(三) 智慧法院与司法改革相辅相成 ……… (62)
　(四) 智慧法院与社会治理现代化相得
　　　益彰 ……………………………………… (68)

五 交互运智 整体增进司法能力 …………… (74)
　(一) 智慧审判彰显司法能力 ……………… (74)
　(二) 智慧执行延伸司法能力 ……………… (81)
　(三) 智慧服务强化司法能力 ……………… (83)
　(四) 智慧管理提升司法能力 ……………… (84)

六 以智促效 提升智慧法院效能 …………… (90)
　(一) 长效发展 ……………………………… (90)
　(二) 效率提升 ……………………………… (92)
　(三) 效益可观 ……………………………… (96)

七 智慧法院建设的鼎新之道 ………………… (106)
　(一) 智慧法院转型升级的发展方向 ……… (107)
　(二) 未来建设的思路与建议 ……………… (114)
　(三) 三个"共同"助力智慧法院转型
　　　升级 ……………………………………… (123)

后　记 …………………………………………… (132)

引　言

科技与法律工作深度结合的历史，是与时代潮流同频共振的历史，是与党和国家事业同向并行的历史，是与法治中国建设同步共进的历史。党的十八大以来，智慧法院建设取得的成就，是中国各级法院快速进入信息化时代的集中反映。其间，中国司法制度恰当其时地浸润于信息化之变革，审判空间正在发生波澜壮阔、天翻地覆的变化，值得仔细观察、深入分析、全面评估。

"人民法院是专门负责解决纠纷的国家审判机关"[①]。审判体系和审判能力现代化，是国家治理体系和治理能力现代化的重要组成部分。在历史悠久的司法活动中，与信息技术的结合，虽然并不是法院追求

---

① 周强：《新时代中国法院司法体制改革和智慧法院建设》，最高人民法院官网，http://www.court.gov.cn/zixun-xiangqing-197151.html，最后访问时间：2020年1月16日。

司法技艺进步的唯一表现，但是，信息化为审判体系和审判能力现代化以及国家治理体系和治理能力现代化建设带来的机遇却千载难逢。此前没有任何一代人曾经体验过如此异乎寻常的技术力量的加速度，这场彻底改变现有的感知、计算、组织、行为和交付方式的"第四次工业革命"，不是在现状的延长线上追求简单的技术进步，而是一场在基本理论、科学方法和共识信念上的范式转换。它由表及里，转变传统习惯与运转逻辑，催生新的生产方式和社会运转模式。一个个细微的数字化转型，正在逐渐扩张到每一个毛细血管，以更加丰满、更加系统化的形式，构建"数字大脑"，从更高维度、更长周期的视角，统筹系统的数字化转型。

　　智慧法院，是这场技术革命之下法院自身能力建设升级迭代的必然结果，亦是法院的"一场自我革命"，换言之，智慧法院是在改变着人民法院生产正义产品的生产方式。社会、当事人、公众对于公平正义的需求，并不以法官的意志为转移，而是同经济社会发展相辅相成。想要妥善解决人民群众对于公平正义的需求与司法工作发展不平衡不充分之间的矛盾，法院通过对"审判体系"的改革与调整，释放出"审判能力"的巨大能量，也就是要化智慧优势为治理效能，推进司法的现代化，进而推进国家治理体系和治理能力现代化。

当前需要回答的是，智慧法院的建设如何在新时代百尺竿头更进一步。核心的问题在于，不仅技术的发展一日千里，物联网、大数据、云计算、人工智能、区块链、5G等技术在全球范围内的百行百业掀起一波又一波的数字化转型浪潮，而且经过四十余年的改革开放，中国社会的结构也已经发生了翻天覆地的变化，社会的复杂性已经提升到某个质变的层次，进入了大规模的现代人群的治理阶段，国家治理层面出现了许多前所未有的挑战。司法面对技术与社会双重复杂性的交织耦合，其体系和能力要如何升级，才能应对此种社会治理的新常态？

本报告选取深圳盐田法院作为分析样本，尝试为回答这一问题提供一种自下而上的观察视角和分析框架。报告采取总—分—总结构，共分为七章。

第一章聚焦"新时代智慧法院建设的目标和现状"，本章立足全局，分析新时代智慧法院建设的目标和价值，梳理总结了全国智慧法院建设的现状与成就，提出未来进一步深化智慧法院建设，一方面要加强顶层设计和统筹；另一方面应及时总结和推广富有成效的地方经验，立足实践需求，下足细节功夫，进一步强弱项、补短板、增质效、解新题。

第二章总括式叙述盐田法院探索创新智慧法院建

设的基本思路和方案。进一步分析盐田法院如何以"全流程数字化办案"为破局点和牛鼻子,塑造了基层智慧法院建设样本,梳理盐田智慧法院建设的历程,总结其在突破瓶颈和创新机制方面的做法和心得,并概括已取得的效果。通过分析,本报告认为,基层智慧法院建设必须牢牢抓住优化审判流程,实现全流程数字化办案这个关键,破除技术决定论的迷信,突破理念和思维方式的瓶颈,以法官需求、法院职能和司法功能为本位,科学规划建设路径,优化资源配置,聚焦核心业务,释放智慧司法新动能。

第三章至第六章分别围绕盐田智慧法院建设"实、通、智、效"这四大支柱进行论述。实为基础,通为前提,智为运用,层层深入又相得益彰,最终体现为智慧法院建设的良好成效。

第三章聚焦"实",着重分析智慧法院建设的基础,通过对盐田智慧法院建设的数字化基础、技术基础、制度基础、激励机制、信息安全等方面的分析,厘清基层智慧法院建设的根本之所在。

第四章聚焦"通",针对智慧法院建设中常见的信息孤岛、数据壁垒、系统平台相互不通不畅的问题,着重分析盐田全流程数字化办案对这些问题的探索和应对,探讨智慧法院建设中的协同机制效应。

第五章聚焦"智",智慧审判彰显司法能力、智慧执行延伸司法能力、智慧服务强化司法能力、智慧管理提升司法能力，分析智审、智执、智服和智管的实现路径。

第六章聚焦"效"，即对智慧法院效能进行分析论述。以盐田智慧法院建设为样本，全面探讨常被忽略的智慧法院建设的效率、效果、效益和长效问题，强调不断满足人民群众对公平正义的更高层次需要的同时，"正义的成本"同样不容忽视。

第七章阐述"智慧法院建设的鼎新之道"。本章基于前文对盐田样本的分析，论述智慧法院建设深化发展、创新升级需要把握的要素。笔者认为，智慧法院建设必须始终以司法为民为价值依归，正确理解中国多期共存的时代特色，运用事物矛盾运动的基本原理，不断强化问题意识，对智慧法院建设升级的方案做出合理选择，对智慧法院建设升级的路径作出正确判断。以推进审判体系和审判能力现代化为目标，守正创新，将智慧司法的优势转化为治理效能，不断满足人民群众对公平正义的需要，构筑中国特色社会主义司法文明。

党的十九大和十九届二中、三中、四中、五中全会已经就坚持和完善中国特色社会主义制度、推进全面依法治国，发挥法治在国家治理体系和治理能力现代化中的积极作用为我们指明了前进方向，提供了根本遵循。智慧法院建设是人民法院以促进审判体系和审判能力现代化为目标,加快建设公正、高效、权威的社会主义司法制度的作为和担当。新时代的基层法院必须在新的外部技术限制条件不断被打破的过程中,从法院的基因和使命出发,持续回答人民群众对更高水平公平正义的亘古不变的需求。它们如何理解智慧法院的顶层设计,如何让宏大的构想落地生根,如何从司法实践中汲取鲜活的营养,让技术与司法一线业务深度结合,同时直面最琐碎和最具体的困难,用实实在在的智慧建成独具特色的智慧法院,使之焕发出勃勃不息的生命力,并随时准备转身、升级、跃迁,这些尝试和探索本身正蕴藏着智慧法院的进阶与鼎新之道。

一 新时代智慧法院建设的目标和现状

科技是时代发展的助推器。当人类进入信息化时代，法治文明也必然面临一场新的变革。信息技术革命对世界经济、政治、社会、文化产生了深远影响，也为司法事业发展提供了重大战略机遇。当前，我们身处全面深化改革的重要历史节点，科技与司法的互动比以往任何历史阶段都要频繁和深刻。将法院信息化与智慧法院建设作为一场深刻的自我变革，让司法规律与现代科学技术充分有机融合，从而释放出巨大的司法动能，为社会提供更加高效、便捷、智慧的司法产品，让人民群众在每一个案件中更加直观和深刻地感受到公平正义，是新时代人民法院的不懈追求。

（一）智慧法院建设的目标和价值

1. 推进审判体系和审判能力现代化

党的十八大提出"国家治理体系和治理能力现代化"这一重大战略任务，党的十八届三中、四中全会和党的十九大不断深化、层层推进国家治理体系和治理能力现代化的决策部署，党的十九届四中、五中全会进一步明确了推进国家治理体系和治理能力现代化的指导思想、总体要求、总体目标和重点任务。最高人民法院立足司法职能，围绕推进国家治理体系和治理能力现代化作出实现审判体系和审判能力现代化的重要部署。立足新时代、新趋势、新任务，智慧法院应运而生，借势而为，蓬勃发展。人民法院依托现代信息网络技术对现有的审判模式、管理模式、法院组织结构进行优化升级，推动司法审判质量变革、效率变革、观念变革，这既是新时代司法现代化的必由之路，是实现审判体系和审判能力现代化的重大契机，也能充分发挥人民法院在推进国家治理体系和治理能力现代化中的职能作用，为国家制度和国家治理体系建设提供有力的司法服务。智慧法院建设已成为国家治理现代化的有机组成部分。

2. 协力司法体制改革开拓新局新路

实现审判体系和审判能力现代化，意味着全面实现人民法院组织现代化、能力现代化、制度现代化，使人民法院在每一个司法案件中实现公平正义的能力和水平得到明显提升，让社会主义司法制度更加公正、高效、权威。完善司法制度，改革司法机关的工作方式，以适应新的社会需要，不仅仅是一种可能性，而且也是一种必然选择。① 将司法体制改革和智慧法院建设作为中国司法不断走向现代化的两条主线，是司法现代化的基本经验、重要抓手、重大举措和发展路径，是中国特色社会主义法治道路的独特优势。最高人民法院院长周强深刻指出，"稳步推进司法体制改革，全面深化智慧法院建设，是实现审判体系和审判能力现代化的'车之两轮，鸟之双翼'，二者必须相辅相成、相互融合、相互促进"②。从顶层设计的角度，司法改革和智慧法院建设的目标是高度一致的，都致力于处理好司法供给和司法需求的关系，让人民法院以审判和诉讼流程优化为基础，更加客观寻找事实、更加精

---

① 信春鹰等：《车之两轮鸟之双翼——改革发展中的经济与法律（1978—1995）》，社会科学文献出版社2004年版，第99页。
② 周强：《新时代中国法院司法体制改革和智慧法院建设》，最高人民法院官网，http://www.court.gov.cn/zixun-xiangqing-197151.html，最后访问时间：2020年1月17日。

准适用法律，最大限度实现改革的系统性、整体性、协同性。因此智慧法院建设进一步与司法体制改革交融互促，借助现代信息技术助推司法改革，有助于为司法现代化提供高效科学的视野和路径，系统提升司法活动的效率和质量，全面增进人民群众获得感。

3. 优化司法资源配置完善司法制度

科学是时代进步的阶梯。新时代人民群众对文明、法治、公平、正义、效率更高水平的要求，是推进人民法院信息化建设的内在驱力。同时，人民群众对司法公开、诉讼便捷的追求和案件审理"案多人少"的矛盾越来越突出，是深化智慧法院建设的外部推力。针对现实的问题，人民司法必须向科技要生产力，向信息化要解决方案，优化司法资源配置完善司法制度，用科技补强司法运作模式的缺陷和不足，让国家、社会和人民群众都有更为实在的获得感。智慧法院借助网络空间和信息技术在司法工作中的深度应用，不断创新工作机制，深挖内部潜力，推进审判辅助事务集约化、社会化管理，减少法官事务性负担，深化诉源治理，探索电子诉讼新形态等，为人民法院更加客观寻找事实、更加精准寻找法律创造了前所未有的条件，不仅能最大限度地克服司法人员认识局限性和主观随意性的弊端，更是一场以高度信息化方式支持司法审判、诉讼服务和司法管理的组织、建设、运行和管理的深度自我革命。2020年8月4日起实施的《最高人民法院关于深化司法责任制综合配套改革的实施意见》提出要加强以司法大数据管理和服务平台为基础的智慧数据中台建设，各级法院应推进辖区法院区块链技术应用，积极探索智能合约深度应用，探索拓展人工智能、5G等现代科技在审判工作中的应用形态。落实这些新举措，对于全面落实司法责任制综合配套改革意义重大，也对新时代智慧法院建设提出了更高要求。优化司法资源的配置机制，全面建成同审判体系和审判能力现代化相匹配，顺应时代潮流，符合发展规律，体现人民愿望的智慧法院这一战略目标愈发清晰坚定。

4. 以人民为中心持续升级诉讼服务

追求人类生活的幸福，一直是古今中外一切善良人民的理想目标。镌刻于古罗马十二铜表上的"人民的幸福即是最高的法律"，在信息科技蓬勃发展的社会条件下，已然从箴言变为现实。面对人民群众的司法新需求和新期待，国家在法律科技领域进行了积极尝试和巨大投入，竭力做出真正符合当下实际需求的创新，开拓更为多元化、个性化、精准化的司法运行模式，让人民群众通过智慧司法获得更高水平的公平正义，增强获得感和幸福感。经过多年探索实践，智慧法院对于强化便民机制、提升审判效率、保障审判质量、破解执行难题、服务保障大局等方面的作用日益明显，满足人民群众诉讼期待和司法需求的能力不断增强，工作成效也越来越得到广大人民群众的认可。

5. 探索新型司法监督管理模式路径

随着智慧法院建设持续推进，人民法院的审判监督模式和流程也在悄然发生变化，管理手段面临革新需求。在司法体制改革与智慧法院建设的双重推动下，审判管理整体上逐步呈现出信息化、可视化、动态化的趋势。现代审判管理以提高审判质量、效率和效果为直接目标，通过将大数据、互联网、人工智能等现代科学技术运用到司法活动中，能最大限度地克服司法人员认识局限性和主观随意性的弊端。智慧法院在逐步实现信息化与智能化进程中，必然要求设计和运行与审判执行流程相适应的动态管理流程，发挥科技理性和司法理性的融合效应，促进司法质量效率提升。探索新型司法监督管理模式路径，对于"权力黑箱"的抑制与打击能够起到根本性作用，能有效发挥智慧管理在规范司法行为、减少司法任意性、防范冤假错案发生等方面的重要作用，综合显现管理的效能、科技的力量和制度的优势。

6. 网络化数字化助力阳光公正司法

习近平总书记指出，"公正是司法的灵魂和生命。推进公正司法，要重点解决影响司法公正和制约司法能力的深层次问题"。技术的发展不断改变着世界的面貌，但公平正义始终是司法永恒的追求，也是司法的生命所在。智慧法院建设的核心目标就是让司法变得更加公平、公正和权威。历经二十余年的不断发展，各级法院已基本完成了以互联、互通为主要特征的网络基础设施建设。"各级法院能够基于网络开展审判、执行、信访、司法管理和数据管理。同时，最高人民法院建成四大司法公开平台，通过网络加大司法公开力度，让公平正义更加看得见。"[①] 未来智慧法院将全面成为阳光法院、透明法院，司法公开在实体性与过程性方面也将更加细化。司法公正将更加直观，置于阳光下的司法活动，大大减少了暗箱操作的可能，打破了过去因诉讼过程不透明带来的猜忌和问题，真正让人民法院成为老百姓充分信赖的"讨公道"的地方。

7. 促智慧司法与社会治理良性互动

面对经济社会的快速发展、信息技术的更新迭代，

[①] 许建峰等：《全面建设智慧法院促进审判体系和审判能力现代化》，载《行政管理改革》2019年第5期。

立法不可能步步紧随、一步到位，必须充分发挥司法机关灵活机动、填补漏洞的作用。"十四五"期间全面深化智慧法院建设，推动现代科技全面应用于诉讼服务、案件审理、司法管理和协同治理，就必须以改革思维和方式破难题、解新题、谋出路。智慧法院建设必须敢于打破数据壁垒，实现法院内部和法院与外部的数据共享与业务协同，发扬新时代"枫桥经验"，以科技手段完善诉源治理和纠纷化解，把脉社会发展新动向，强化新兴领域治理的司法裁判引领，与地方治理和经济社会发展大局良性互动，以更高水平的"智审、智执、智服、智管"为经济社会发展提供更加强有力的司法服务和保障。

（二）全国智慧法院建设的现状

1. 智慧法院建设的顶层设计与决策部署

预见未来的最好方式是创造未来。习近平总书记深刻地指出，"我们必须敏锐抓住信息化发展的历史机遇""善于运用互联网技术和信息化手段开展工作""使互联网这个最大变量变成事业发展的最大增量"。建设智慧法院是贯彻落实党的十八大、十九大和十九届四中全会精神的重要举措，是网络强国战略思想和信息化发展战略在司法领域的具体实践，是司法能力现代化的内在要求，必然会给人民司法事业注入源源不断的活力，为公平助力，为正义加速。

1996年5月，人民法院信息化工作起步[①]；2002—2012年，法院信息化进入普遍推进阶段[②]；2013年以来，最高人民法院每年举行一次全国法院信息化工作会议，以明确人民法院信息化工作的指导思想和工作任务。人民法院紧紧抓住信息化的难得机遇，推动现代科技与法院工作深度融合。2016年7月发布的《国家信息化发展战略纲要》将建设"智慧法院"列入国家信息化发展战略[③]；2016年12月发布的《"十三五"国家信息化规划》明确指出，支持"智慧法院"建设，推行电子诉讼，建设完善公正司法信息化工程。在2017年5月11日举行的全国法院第四次信息化工作会议上，周强院长着重强调，智慧法院是建立在信息化基础上人民法院

[①] 1996年5月，最高人民法院在江苏召开"全国法院通信及计算机工作会议"，制定了《全国法院计算机信息网络系统建设规划》和《全国法院计算信息网络建设管理暂行规定（试行）》，这标志着人民法院信息化工作的起步。

[②] 2007年6月，最高人民法院印发了《最高人民法院关于全面加强人民法院信息化工作的决定》，明确了人民法院信息化工作的指导思想和原则，具体安排了人民法院信息化工作保障机制。在此阶段，最高人民法院还印发了一系列关于人民法院信息网络系统建设的规定、规划、技术规范、基本要求和实施方案等，并将其作为人民法院改革的主要任务。

[③] 《国家信息化发展战略纲要》明确规定："建设智慧法院，提高案件受理、审判、执行、监督等各环节信息化水平，推动执法司法信息公开，促进司法公平正义。"

工作的一种形态。

党的十九大工作报告提出，要加快建设创新型国家，为建设科技强国、网络强国、数字中国、智慧社会提供有力支撑。党的十九届四中全会通过的《中共中央关于坚持和完善中国特色社会主义制度、推进国家治理体系和治理能力现代化若干重大问题的决定》对如何"彰显制度优势、坚持守正创新"提出了新的更高要求。2019年发布的《人民法院第五个五年改革纲要（2019—2023）》进一步明确"以促成审判体系和审判能力现代化为目标，建成人民法院信息化3.0版，形成支持全业务网络办理，全流程审判执行要素依法公开，面向法官、诉讼参与人、社会公众和政府部门提供全方位智能服务的智慧法院"。

2020年4月，最高人民法院网络安全和信息化领导小组2020年第一次全体审议并通过了《智慧法院建设评价报告（2019）》《人民法院信息化建设五年发展规划（2020—2024）》等文件及15项人民法院信息化标准等文件，为新时代智慧法院建设提供了更具规范性和操作性的指引。

2. 各地人民法院的多元探索与经验成效

目前，智慧法院建设已经在全国结出累累硕果，各级法院皆有作为。全国法院自上而下，从不同角度切入，把大数据、云计算、人工智能等信息技术越来越深地融入司法过程之中，为审判体系和审判能力现代化提供强有力的支撑。智慧法院建设步入深化发展的全新周期，在最高法院的统筹引领和全国各级法院的积极努力下，智慧法院建设不断以丰富多样的智慧化成果使全国人民享受到越来越优质的司法服务。

电子诉讼服务实现突破性进展。2019年6月，全国高级法院院长座谈会提出"智慧诉讼服务"新模式，部署一站式多元解纷机制、一站式诉讼服务中心建设。以电子诉讼为中心"建立完善高效、便捷、亲民的诉讼服务体系，主动接受社会监督，庭审网上直播+裁判文书上网成为互联网时代司法公开最彻底、最集中的方式"[①]。上海法院针对历年诉讼服务中积累的常见程序性问题，收录形成了关于诉讼程序常见问答的"法宝智查"知识库；江苏南京法院诉讼服务平台开通五大通道，为当事人、律师、检察官、人民陪审员、社会公众提供诉讼信息和服务，引导当事人适时选择合适的纠纷解决途径和方案。[②] 针对互联网时代手机和微信广泛普及应用新趋势，2017年10月，浙江

[①] 姜伟：《人民法院为经济社会发展保驾护航》，《中国特色社会主义法治道路越走越宽广——新中国法治建设成就与经验座谈会发言摘编》，载《人民日报》2019年10月9日。

[②] 中华人民共和国最高人民法院编：《中国法院的互联网司法》，人民法院出版社2019年版，第10页。

省余姚市人民法院率先上线"移动微法院"诉讼平台。2018 年 1 月，浙江省宁波市中级人民法院开通"宁波移动微法院"，2019 年 3 月，最高人民法院在总结浙江法院实践经验的基础上，推动在北京等 12 个省区市辖区内法院全面试点。截至 2020 年 4 月，全国 31 个省区市及兵团分院均开通移动微法院，以此为基础，跨域立案服务在全国各级法院全面实现。[①] 令人瞩目的是，新冠肺炎疫情发生以来，各级法院运用智慧法院建设成果进行线上庭审及在线办公，为广大人民群众提供从立案到庭审的全方位线上诉讼服务，全天候助力企业复工复产，有力印证了智慧法院建设的前瞻性和科学性，展现了利用智慧法院进行司法审判活动的不凡能力和巨大优势，获得人民群众和国际社会的广泛好评。

智慧法院科技创新迸发蓬勃活力。各地法院因地制宜，持续推进电子卷宗随案同步生成和深度应用。广东省深圳市盐田区法院采取 JEC 模式在全国率先实现全流程无纸化办案，江苏省昆山市人民法院在电子卷宗同步生成的基础上全面推行全流程无纸化办案的"千灯模式"，河北省高级人民法院实行电子卷宗分散

[①] 《周强在线主持召开最高人民法院网络安全和信息化领导小组会议 强调全面提升智慧法院建设水平加快审判体系和审判能力现代化》，最高人民法院官网，http://www.court.gov.cn/zixun-xiangqing-224631.html，最后访问时间：2020 年 4 月 11 日。

生成模式，江西法院以诉讼材料深度利用为主线构建"收转发e中心"，吉林省法院系统在智能辅助全流程网上办案、案件精细化审判工作等方面进行了有效探索。截至2019年11月底，全国已有3363家法院建设电子卷宗随案同步生成系统，占比约96.3%。① 人民法院不遗余力地推进司法大数据建设，福建省高级人民法院建设司法大数据中心，为全省法院提供运行态势分析、质效指标检测、案件关联检索、主题数据分析等服务；重庆市第二中级人民法院建成数据实时自动生成的高集成度、高智能化、可视化信息管理中心，所有数据以每30秒流动刷新方式实时更新，为院庭长审判管理决策提供参考；2014年7月，最高人民法院正式上线人民法院大数据管理和服务平台，截至2019年年底，汇聚案件数据1.96亿余件，全国法院案件数据覆盖率超过99%。②

"互联网+司法"审判机制不断创新。2017年8月18日，杭州互联网法院正式成立。2018年9月9日、9月28日，北京互联网法院、广州互联网法院先后成立，实行"网上案件网上审理"的新型审理机制；上海市长宁区人民法院、天津市滨海新区人民法

---

① 孙航：《智慧法院：勇立潮头破浪行——2019年人民法院工作亮点回顾系列报道之五》，《人民法院报》2020年1月16日。
② 中华人民共和国最高人民法院编：《中国法院的互联网司法》，人民法院出版社2019年版，第24—25页。

院、广东省深圳市福田区人民法院、湖北省武汉市江夏区人民法院、四川省成都市郫都区人民法院等设立了互联网审判庭；广东省广州市中级人民法院、浙江省余姚市人民法院、江苏省无锡市镇江区人民法院、福建省厦门市思明区人民法院、贵州省黔南州惠水县人民法院等组建了互联网合议庭或审判团队，探索新型互联网审判机制，提升互联网审判专业化水平。[①] 人民法院还探索运用大数据手段规范刑事案件办理，推进公检法司协同办案机制。如上海法院积极开发刑事案件审判辅助系统，贵州省高级人民法院积极推动跨部门大数据办案平台建设，联合公安、检察和司法机关搭建数据信息互联共享平台；湖北省高级人民法院会同省人民检察院、省监狱管理局，共同建立全省"减刑假释办案工作平台"等，都是探索的先行者。

司法领域智能化应用铺展开光明前景。各地法院积极开发各类智能化办案辅助平台，促进审判质效大幅提升。北京市高级人民法院建设智能分案系统，运用"系统算法+人工识别"机制，对11类通用型案件和9类自选案件共93个案由进行繁简分流；安徽省合肥市蜀山区人民法院运行"区块链电子证据平台"，开创了安徽法院基于区块链技术的电子证据存证取证

[①] 中华人民共和国最高人民法院编：《中国法院的互联网司法》，人民法院出版社2019年版，第7页。

先河；北京互联网法院依托司法区块链"天平链"，成功实现全国首例调解协议的自动执行立案；2019年9月，最高人民法院智慧法院（广东）实验室启用，12月，最高人民法院智慧法院实验室正式启用，为智慧法院深化发展提供了综合试验场所。

3. 建设升级面临的主要问题与挑战

通过实地走访调研，课题组发现，智慧法院建设取得举世瞩目的成绩，得益于全国各级法院的共同努力和交流互鉴。最高人民法院为智慧法院建设夯基垒台、立柱架梁，地方法院实干笃定、各展神通。但当前和未来一个时期智慧法院建设仍将处于发展和上升期，可谓机遇与挑战并存。认真谋划和推进"十四五"时期智慧法院建设，推动顺应时代进步和科技发展的诉讼制度转型，要在既有建设基础上守正创新，以问题为导向不断拓展智慧法院发展路径，直面当前建设中的短板和难题。这些不足一方面反映出制约智慧法院向纵深发展的痛点所在；另一方面也为智慧法院建设对症下药，在细节上寻求突破，确保建设成果更加实用管用好用指明了破局方向。

第一，定位不够精准，重复建设、盲目建设问题依然存在，导致建设基础不实。建设智慧法院的工作目标，在于通过构建网络化、阳光化、智能化的人民法院信息化体系,使信息化切实服务审判执行,让司法更加贴近人民群众,让司法更加公平、公正和权威。换言之,智慧法院建设服务于更大的愿景,是一场司法生产力的"解放运动",旨在化解法官的非审判性事务工作,合理配置各种司法资源,确保把最有效的、最精良的司法资源用在最需要的地方,以便法官更能集中精力去从事最核心的工作。同时不断降低当事人和社会的诉讼成本,缩短个案的审理周期,更加真实地记录和呈现案件审判的全过程,提升司法效率,提高司法质效和正义质量。实现这样的目标,必须首先理解和尊重司法规律。各级法院根据自身职能和审判工作规律的不同而有着不同的定位和使命,一旦偏离自身定位盲目开展建设,就可能适得其反,导致建设基础不坚实,反而距离目标越来越远。根据中国社科院法学研究所法治指数创新工程项目组对当前全中国"智慧法院"建设的评估发现:"虽然法院在信息化建设过程中投入了大量的人力、物力,开发了大量的审判管理、执行、办公系统,但不少信息化系统与业务需求脱节,未能有效满足法院办案、管理的实际需求,导致信息化的系统效用难以显现,信息化与审判工作'两张皮'现象突出。"[①] 这些现象一定程度上表明不

---

① 陈甦、田禾:《中国法院信息化发展报告》,社会科学文献出版社2019年版,第57页。

少法院对智慧法院建设的"本位"的理解有偏差，在筑牢基础上所下的功夫不够，未能做到以法官需求为中心，切实抓好审判流程的优化和数字化这一基础工程，导致技术更多停留于表面或浅层应用，而未能深度嵌入法院的审判执行业务。

第二，决策碎片化的情况仍然存在，信息壁垒和数据孤岛尚未完全消除，导致部分功能衔接不畅。在智慧法院的建设中，各地方法院建立了很多系统与平台，由于缺乏统一的共享标准，这些系统与平台的功能定位各不相同，由不同的外包服务单位进行软件的开发与运维，造成相关功能与信息互不兼容，无法在全国范围内实现信息实时互通互连。在最高人民法院、各高级人民法院对相关系统与平台进行整合时，也常常出现由于与地方法院、基层法院的系统与平台无法兼容而导致在整合时不得不舍弃，从而造成司法资源浪费的情况。更进一步来看，法院与法院外的机构之间也存在大量系统，这些系统间更是广泛存在数据无法打通、不能有效共享的难题。以电子卷宗随案同步生成和深度应用为例，《智慧法院建设评价报告（2018）》表明，虽然绝大多数法院实现了电子卷宗随案同步生成的功能，但在办案过程中使用效果并不理想，且没有向大数据管理和服务平台汇聚，这在一定程度上制约了智慧法院跨层级、跨地域、跨系统、跨部门、跨业务的深度应用,成为全业务网上办理的瓶颈。

第三,建用有待进一步整合,研发和应用的系统性不够充分,智能化服务仍有不同程度的短板。从《智慧法院建设评价报告(2018)》评价结果来看,目前全国各级法院应用类指标得分率明显低于建设类指标得分率(高院 58.3∶86、中院 47.8∶78.8、基层院 50.9∶74.2),"重建设、轻应用"的现象仍然存在。智慧法院建设主要采取第三方外包技术的方法来开发和维护运行,很多时候开发者与使用者之间缺乏有效沟通和理解。不少法院的研发在"可用"基础上距"易用"尤其是"好用"还有很大差距,部分平台、系统和应用反而在一定程度上加重了法官负担。数据集中和统计完整性、准确性和及时性还不能满足广大法院干警要求,行政事务管理应用还不能适应各类业务部门需要,智能化服务仍然存在短板。

第四,评估方式方法可进一步优化,可探索建立质效分析常态化机制。最高人民法院每年制定和完善《智慧法院建设评价指标体系》,同时每年邀请第三方对智慧法院的建设成效进行评估。但由于智慧法院建设评价工作刚刚起步,评价指标体系还不尽完善,存在指标设计不够规范、权重设置不尽合理、评价方法不甚明晰、部分评价指标缺乏可操作性等问题。① 应用成效评估、通报和改进机制也有待进一步完善。以评促建、评建结合机制对提升智慧法院建设水平和应用成效的效果还没有充分显现，智慧法院建设的效果和效益仍不能得到及时、充分、直观的反映，质效分析常态化机制的不健全导致智慧法院建设的效能难以得到充分彰显，通过有效反馈对其进行针对性提升和完善的路径也仍然不够清晰。

---

① 上海市第一中级人民法院课题组：《智慧法院建设评价体系之实证分析与完善建议》，载《中国应用法学》2018年第2期。

二 盐田智慧法院建设的探索与创新

当前智慧法院建设,特别是基层法院在"实、通、智、效"等层面存在不同程度的不足,一方面反映了制约智慧法院向纵深发展的症结所在;另一方面也为法院对症下药、创新发展指明了"破局"的方向。课题组在调研中注意到,以深圳市盐田区法院为代表的基层法院创造性地进行了有益探索,盐田法院在全国率先实现适用全部案件类型、打通全部办案节点、覆盖全部办案行为的"全流程、全要素、全覆盖"数字化办案新模式,自主研发电子卷宗随案同步生成系统,并上线运行深圳智慧法院一体化平台统一门户,在基础坚实、融会贯通、交互运智、以智促效方面下苦功、抓落实、见成效,成为基层智慧法院建设的"排头兵"。这种以问题为导向,因地制宜主线突出实效为先,充分调动各方智慧、力量和资源,易迭代可复制的基层智慧法院建设经验，正是当前我国智慧法院步入全面深化改革新阶段急需分析整合研究的对象，是智慧法院建设大局中的坚实砖瓦，是完善智慧法院建设顶层设计不可缺少的地方样本之一。

（一）坚持科学导向

1. 以目标为导向

党的十八大以来，习近平总书记围绕网络强国、数字中国、智慧社会等作出一系列重要论述和重要指示，全面系统阐述了信息化建设的重大问题，为人民法院推进信息化建设指明了方向。最高人民法院认真贯彻党中央决策部署，将信息化建设作为人民法院一场深刻的自我革命，不断健全完善技术应用和诉讼平台，涵盖智慧审判、智慧执行、智慧服务、智慧管理等司法工作的各个方面。盐田法院深入学习和贯彻落实最高人民法院和上级人民法院的决策部署，主动对标对表人民法院"五五改革纲要"、《人民法院信息化建设五年发展规划（2020—2024）》。最高人民法院《关于加快建设智慧法院的意见》提出的各项建设任务，紧紧扭住关键，从自身职能定位和工作实际出发，统筹考虑，精准对标，真抓实干。看准了的事情，就下定决心改，坚定不移落实到位，在建设之初就明确建设清单、时间表和路线图，育新机、开新局，避免踏步走、埋钉子、留尾巴，不断推动盐田智慧法院建设从"初步建成"走向"升级优化"。

2. 以问题为导向

习近平总书记强调，"问题是工作的导向，也是改革的突破口。要紧紧抓住影响司法公正、制约司法能力的重大问题和关键问题，增强改革的针对性和实效性"。以问题为导向，可以确保建设的方向不偏离初衷，盐田智慧法院建设之所以在短时间内就取得了令人瞩目的成绩，很大程度是其对智慧法院目标和定位的认识比较到位，建设中的问题意识突出，聚力于关键领域和重点项目，使信息技术在更深程度上与审判规律融合，更加高效地支持司法审判、诉讼服务和司法管理，促成理念、制度、流程、规则、工作模式、行为习惯与技术之间不断产生化学反应，推动实现从理念更新、技术加持向流程优化、制度保障再到规则治理、良法善治的渐次升华，使智慧法院的建设效能得到充分释放。

3. 以改革为导向

司法的智慧化和现代化，是社会主义司法制度自我完善和发展的标志，而改革则是实现这一过程的必然要求。党的十八大以来，人民法院信息化建设进一步向全国"一盘棋"集成融合格局转变，向智能化辅助深度应用转变，向依靠科技创新赋能发展转变。盐田智慧法院建设的基本方案始终以改革为导向，既重建设也重应用，致力于通过智慧法院建设和司法体制改革的共同推动，进一步实现诉讼流程优化、诉讼规则完善和司法模式变革，解决长期以来制约人民法院特别是基层法院高质量推进核心工作、实现创新发展的瓶颈和难题，让人民群众获得更加公平公正、公开透明、高效便捷、普惠均等的司法服务。

4. 以效果为导向

盐田法院贯彻上级法院要求，结合基层实际推进智慧法院建设，建设成效显著。为了将"智慧"充分转化为司法效能，盐田法院始终注重以建设效果为导向，主动进行量化评估，科学测量智慧法院建设的效率、效益和效果，及时反馈研判调整思路。以效果为导向，为盐田智慧法院建设提供了标尺和对照，让智慧法院建设更加有的放矢，有助于冷静观察进行中的建设在既有的基础上有哪些发展和进步、效果如何以及下一步如何推进。这样的思路和导向是科学的，是从实际出发的，确保了盐田智慧法院建设始终一步一个脚印，避免为建设而建设，盲目浪费资源，符合人民群众根本利益，有利于扎实稳健推进各项建设工作。

（二）明确建设目标

1. "实通智效"定位清晰

深圳盐田法院成立于1998年，作为流淌着深圳特区改革血液的法院——盐田法院，很早就敏锐地意识到，信息技术革命为人民法院的工作打开了全新的广阔的发展空间。2017年4月，基于一贯以来良好的信息化建设基础，盐田法院被广东省高院确定为全省"智慧法院"试点单位，在最高人民法院自上而下推进的智慧法院建设的大局中，在盐田区委的坚强领导和上级法院的指导下，盐田法院结合基层工作实际，充分发挥自身优势，创造性地采用法官需求主导的JEC模式，开发建设一系列新型办案应用系统，在信息化建设和应用方面取得了突出成效。盐田智慧法院建设深深扎根于中国司法审判一线的土壤，能够切实回应解决人民法院转型升级中的痛点和难点，走出了一条"基础坚实、融会贯通、交互运智、以智促效"的特色之路。2018年7月23日，最高人民法院党组书记、院长周强同志莅临盐田法院调研时，对盐田法院"智慧法院"建设，尤其是无纸化办案机制和取得的成效予以充分肯定，认为盐田法院全方位、全流程实行无纸化办案,实现了审判质效、监督管理新突破,充分体现了首创精神,要求对盐田法院的做法认真总结完善,向全国法院推广。

2. 办案人员科学减负

以法院为主导、以法官为本位是盐田智慧法院建设的鲜明特点,盐田法院考察、评估其智慧法院建设成效的重点指标之一,就是法官是否能够充分利用智慧法院建设成果,从大量事务性、重复性劳动中解放大脑和双手,将精力、时间和智慧投入核心审判工作中来,从而科学有效地实现"减负"和"聚焦"。基于这样的认识和考虑,盐田法院构建智慧法院建设方案之初就确立了"全流程、全要素、全覆盖"数字化网上办案的目标,适应新技术革命解放和发展"法治生产力"的新需求,从制约法官全流程数字化办案的瓶颈问题着手,切实满足一线办案人员对数字化办案的实际应用需求,为办案人员提供更加便捷的电子操作路径、更加系统的数据汇聚平台,实现网上办案实质化、审判辅助智能化、审判数据可视化、审判管理透明化、态势研判科学化,并在此基础上推动审判流程和诉讼制度的不断优化。事实证明,依托全流程都在数字化办案,盐田法院的法官所有办案流程网上运行,法官桌面案卷高筑的现象一去不返,法官办案更智能，审判执行更高效，司法行为更规范。

3. 便民利民效果显著

司法为民是法院工作的根本宗旨，一切为了人民群众始终是盐田智慧法院建设的初心。为此，盐田法院建立了以诉讼平台为核心的数据网络，为当事人、诉讼参与人和律师参与诉讼提供线上服务，减轻人民群众诉累。当事人可网上申请立案、网上接收程序性法律文书、远程视频庭审，审判流程主动告知、即时查询，形成线上线下多样化的诉讼服务格局。盐田法院探索实现诉讼服务全部集约化办理，使"一站式"诉讼服务体系更加健全，优化诉讼体验，切实提升诉讼服务水平，为向人民群众提供全方位智慧化诉讼服务奠定了坚实基础，让当事人既感受到法律的公正，也体会到智慧司法的温度。

4. 核心业务提质增效

数据信息为即时传输，具有分布式、发散式、瞬时完成的特点，数字化办案打破了时间和空间的限制，让法官、法官助理、合议庭成员、审判管理部门之间的"时差"和区隔不复存在。数字化办案系统可以对电子诉讼材料的信息进行自动识别和抓取，自动生成相对简单的程序性文书，并可以辅助法官撰写复杂法律文书，提高办案质效；依托于电子卷宗系统，开庭时审判席、当事人席皆可浏览证据材料，庭审快捷安全；可以异时异地合议，远程开庭，上级法院直接查阅上诉案件电子卷宗；对合议庭成员而言，阅卷不同步、合议因时空限制难以进行等现象也因数字化办案而一去不返。盐田智慧法院旨在让现代科技服务审判执行工作，为审判执行提速增效、以智促效创造良好条件。

5. 司法行为更趋规范

智慧法院建设进程中，信息化与智能化司法机制得以创新，这为持续提升司法活动及审判活动规范化水平提供了契机与条件。盐田法院致力于打造全流程数字化，一个重要原因在于可以借由技术实现阳光司法，助力司法公正。在全流程数字化办案模式下，由于案卷材料能够同步电子化，所有案件办理过程均在网上操作，办案系统中实时输入、生成各类诉讼材料。以此为基础，法官对电子卷宗进行的浏览、批注，制作、修改、签发的文书，以及送达、上诉、归档等各个办案环节，在案件办结后均能够被留痕和"封存"，非经审批不得删改替换，系统留存的审判痕迹无覆盖、无涂改，审判痕迹真实客观；同时通过程序设置，办案人员必须严格依法依规依次完成审判流程，否则无法进行结案操作，倒逼办案人员规范司法行为；通过档案智能管理技术和规范要求，诉讼中的纸质材料提交及保管主体更统一，责任更明晰，保管更安全，办案过程更阳光透明。

6. 监督管理智慧精准

盐田法院实行全流程数字化办案，不仅能够大幅提升审判质效，也能让传统的审判监督管理活动找到新的突破口，促使新型数字化监督管理模式逐步生成。在审判活动全程留痕的基础上，数字化办案能够推动审判管理监督从微观的个案向宏观的全院、全员、全过程的案件质量与效率监管转变，实现了对审判流程智能记录跟踪、提示催办、预警冻结，提高了监督实效；同时根据审判权运行机制和司法责任制的相关规定在系统中设置监管范围，院庭长依规履行监督职责，强化院庭长对审判流程、审判态势的智能化监管以及监督管理行为全程留痕；另外，在案件信息资源进行有效存储、科学分类的基础上，也为深入分析、运用大数据服务司法决策提供了基础，司法决策更加科学、准确、快速。

（三）整体建设方案

1. 突破理念和思维方式的瓶颈

盐田智慧法院建设迈出的第一步，就是突破理念和思维方式的瓶颈。笔者通过调研发现，很多法院在智慧法院建设之初，往往陷入技术决定论的误区，将大量资金、人力、物力投入在上马新技术、外包系统和项目开发、购买软硬件、聘请工程师等技术领域，却常常忽视收集、分析智慧法院建设的主体——法院和法官的需求。事实上，导致智慧法院建设举步维艰或阻滞无序的，往往不是技术或资金问题，而是观念的保守与理念的陈旧。可以说，每个法院都是在各种客观条件、既往路径、发展观念、环境限制的重重束缚下，寻找智慧法院建设的可行方案。在普遍缺少先例的情况下，各地建设智慧法院的起点都是相似的，但是战略愿景不同，战略耐心不同，建设的结果就会大相径庭。盐田法院始终保持战略勇气，不用战术上的勤奋掩盖战略上的懒惰，从一开始就确定了实现全流程数网上办案这一建设目标。在盐田智慧法院的设计蓝图中，数字化办案不只是最高人民法院自上而下推进的法院信息化的重要内容，更是数字信息时代司法工作的新常态。预见未来的最好方式就是创造未来，既然数字化办案已是大势所趋，作为基层法院，更应该思考的是如何转变思路更新理念，利用现有资源，最大限度将数字化办案变为现实。因此，盐田智慧法院建设并没有盯着前沿技术重金投入，而是始终思索如何通过恰当的技术化解全流程数字化办案中的难题。

例如，在推行无纸化办案之初，盐田法院就应用了已经成熟多年的"条形码"技术，使得案件卷宗数字化过程中可以标签化、可追踪可识别。在这种务实、开放、科学的理念引领下，盐田法院在全国率先实现适用全部案件类型、打通全部办案节点、覆盖全部办案行为的"全流程、全要素、全覆盖"数字化办案新模式。法官桌面上案卷高筑的现象一去不返，审执质效大幅提升，诉讼服务也得到了全面升级。可以说，盐田的全流程数字化办案对基层法院示范意义不可谓不重大，它生动诠释了智慧法院建设不是简单的"审判+技术或审判+网络"，而是涉及法院组织、建设、运行和管理形态的全面变革，它通过彻底改变法官办案的行为、流程和习惯，重塑了人民法院的工作模式，随着建设日趋深入和升级迭代，必然会推动诉讼观念的变革，进而实现司法制度的跃迁，让人民司法事业步履不停走向现代化。

2. 坚持制度先行发挥制度优势

智慧法院所服务的司法审判工作具有合法性、规范性、程序性等固有要求，决定了智慧法院建设必须在法治轨道上有序进行。为避免落入头痛医头、脚痛医脚的困局，规范引导"全流程、全要素、全覆盖"数字化办案模式下的审判业务行为，更好地适应智慧法院带来的审判活动载体与方式的改变，盐田智慧法院建设坚持制度先行，通过深入实际工作一线调查研究，反复调研论证，出台涵盖总体规划、审判行为数字化规范、新型审判流程制度体系、信息网络安全规范、效能评估考核体系等内容的智慧法院建设"1＋X"综合配套制度群。

智慧法院建设初期，"由于没有制度支撑，很多法院通常同时使用电子文书和纸质文书，从而产生双重负担；频繁转换线上与线下诉讼方式，从而造成重复劳动。为建设智慧法院而浪费了司法资源，影响了司法效率"。盐田法院针对具体业务需求，先后出台了《推进电子卷宗随案同步生成工作方案》《材料同步数字化工作规程》《案件材料同步扫描及流转工作规程》《电子诉讼档案管理办法》《纸质诉讼档案管理办法》《纸质卷宗材料保管及借阅办法》《上诉案件卷宗移送工作流程规定》等制度规范，建立健全电子卷宗相关管理规定，用制度来保障经过技术转化后的规则能够得到有效执行，对数字化办案过程中网上质证、远程庭审、庭审笔录语音转写、电子签名、远程合议、文书网上签发等常见实操性问题出台工作规则，实行"清单式"工作模式等。这些具备全局性、针对性、合规律性等要素的制度规范的出台和施行，为盐田智慧法院建设的具体开展提供了分门别类、权责明晰、适度前瞻的规范指引，为审判业务行为适应数字化信息化新要求提供了规范性解决方案，不仅保障各项建设有规可依、有章可循、有序推进、稳定运行，更成为塑造智慧法院不可或缺的制度力量。

3. 抓住建设的破局点和"牛鼻子"

任何改革要想成功，必须抓住主要矛盾和核心问题。智慧法院建设是一项庞大的工程，盐田智慧法院建设的可贵之处在于没有主次不分、面面俱到，而是抓大放小，紧紧牵住了"牛鼻子"。最高人民法院院长周强就多次强调智慧法院建设要抓住主要矛盾："要提升审判执行智能化水平，必须深化全流程在线办案，提升办案平台综合性能，完善智能辅助功能模块。"[①] 抓住了全流程数字化办案这个"牛鼻子"，就能为法官网上办案实质化、审判辅助智能化创造条件，为基层智慧法院建设实现"从零到一"的飞跃奠定坚实的基础。

智慧法院建设的全面完成，首先要体现为一种信息网络体系建构，其次是一种信息应用体系建构，最后以信息资源及服务体系为依归，三者共同奠定了法

[①] 《周强在线主持召开最高人民法院网络安全和信息化领导小组会议强调全面提升智慧法院建设水平加快审判体系和审判能力现代化》，最高人民法院官网，http://www.court.gov.cn/zixun-xiangqing-224631.html，最后访问时间：2020年4月11日。

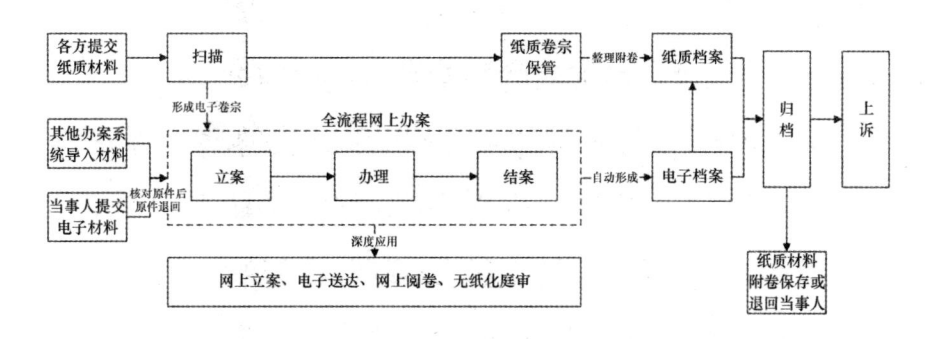

图 2-1 盐田法院全流程数字化网上办案示意图

院信息化的基础。就法院业务而言，各项业务有各自的程序和流程。如果这些业务流程之间衔接不好、配合不顺，全流程办案也就无从谈起，智慧法院建设必须着力为这些衔接和配合的实现提供技术性机遇。盐田智慧法院建设始终紧扣覆盖全业务、贯通全流程、实现全闭环的建设主线，秉持"不能实现闭环的网上办案就不可能是全流程数字化办案"的理念，彻底实现审判行为及诉讼流程在网上完成闭环。

盐田法院的全流程数字化网上办案，能够实现案件办理过程中，所有办案人员在各个环节的各项业务均可以依托系统实行网上办理。审判业务活动不再是线下完成后再将数据和记录拷贝到网上，而是全部以网络化、数字化的方式进行，纸质卷宗材料不再流转，真正实现了网上办案的"单轨制"和"无纸化"。电子卷宗材料随办案进程同步实行网上流转，实现从立案到送达、开庭、合议、判决、执行等全部办案流程的数字化，审判行为全程留痕，从而真实反映法官办案动态过程，确保办案过程透明。

如果说全流程在线办案是事关全局的基础性步骤，是智慧法院建设的"牛鼻子"工程，电子卷宗深度应用系统就是决定智慧法院数字化与智能化、广度与深度的"破局点"。盐田法院认真研究法院信息化建设过程中存在的网上办案不彻底、卷宗使用不便捷、案件归档不智能、数据融合不顺畅等影响审判质效的瓶颈问题，依托全流程网上办案模式，扎实推进诉讼电子卷宗随案同步生成，全面开发和支持电子卷宗在案件办理、诉讼服务和司法管理中的深度应用，真正让"一次扫描、全程使用、一键归档"的电子卷宗深度应用系统成为破解结构性难题、集成融合各类智能应用、释放智慧法院建设效能的破局点和发力点，再由点到线、织线成面、集面成体，让司法更加智能和智慧。

4. 统筹配套措施抓关键补短板

在抓住全流程数字化办案的"牛鼻子"，以及电子卷宗系统作为智能办案平台的"破局点"的基础上，盐田法院始终坚持问题导向，根据法官办案需求，不断推进新一代信息技术在法院工作中的深度应用，补齐智能化服务短板。盐田法院清醒地认识到，司法现代化是由表及里、由浅入深、局部板块有机聚合为整体和全局的动态过程，这一历史进程离不开先进技术工具的支撑，但又远不只是技术运用问题，更是诉讼文化、理念、程序共同演进的过程，人们需要时间来适应和接受。在此过程中，不排除有些法官或当事人观念转变不到位，对新技术有畏难情绪，适应新模式存在困难。因此，盐田法院在大力推行全流程数字化办案的同时，特别注重提高系统的使用便捷、操作友好和应用成效，让法官参与到系统研发的过程中，畅所欲言，言无不尽，力争对应用短板和瓶颈提前做出预判，与技术方通力合作，将这些隐患和缺陷消弭于无形，力争实现电子卷宗"收、转、送、归"全流程顺畅运行，让智慧法院不只建成，还要好用，达到"建必用、用必好"。

三 基础坚实 全面筑牢建设根基

九层之台，起于累土。智慧法院建设所能达到的高度、广度与深度，很大程度上取决于其建设根基的坚实和牢固。盐田法院在智慧法院建设之初，就敏锐意识到基础工程的重要性，着力夯实制度基础和数字化基础，同时出台保障激励机制，确保信息数据安全，聚焦建设实效，注重评估考核，开展了一系列行之有效、行稳致远的工作。

（一）机制创新：盐田智慧法院的特色优势

1. 建立健全科学有效领导体制

2017年4月被广东省高院确定为全省"智慧法院"试点单位后，盐田法院在区委的坚强领导和上级法院的支持指导下，迅速部署成立以院长为组长、其他班子成员共同加入的领导小组，积极落实试点任务，统筹推进智慧法院建设工作。通过建立健全科学有效的领导体制，层层明确任务，处处明晰责任，全院上下共同树立"努力建成遵循上级规划要求，体现特色的智慧法院"的建设目标，统一认识，确立"以科学规划为指导，以法官为主导，以需求为导向，稳步推进，分步实施"的"智慧法院"建设工作思路，实现高起点规划、高标准建设、高要求推进信息化工作，取得了显著效果。

2. 首创 JEC 模式推进开发建设

要建设好用管用、法官愿意用的数字化办案，不能只是简单追求找到好的技术公司购买或开发应用系统和相关软件，更重要的是技术公司能够不断根据法院的实际需求进行定制开发和升级改造。盐田智慧法院建设采用的 JEC 模式，就是为满足法律与技术双向沟通需求，精准服务智慧法院建设的盐田首创模式。JEC 模式由法官（Judge）、法院工程师（Engineer）和科技公司（Company）共同组成研发团队，其中的法官是主导者和"指挥部"，负责牵头提出业务需求并参与项目测试和体验；法院工程师这一创新性角色兼具法律与信息网络技术的双重知识，是确保法官与科技公司顺畅交流的"翻译官",负责司法与技术的沟通联络、技术支持和建设信息的双向反馈;科技公司则负责技术开发,为盐田智慧法院建设定制技术解决方案,进行"建设施工"并根据法官需求和技术进步进行迭代完善。

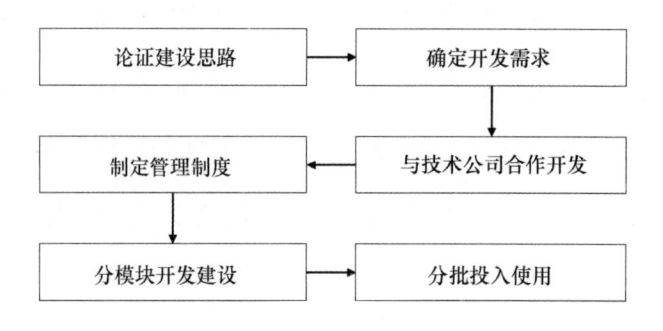

```
论证建设思路 → 确定开发需求
    ↑              ↓
制定管理制度 ← 与技术公司合作开发
    ↓
分模块开发建设 → 分批投入使用
```

图 3-1　JEC 开发建设过程示意图

如图 3-1 所示,以法官需求为主导的开发模式举三方之力,三者互相支持,密切配合,循环推进,分阶段、分批次落实盐田智慧法院的各项设想,实现全流程网上办案并确保不断优化,大大提高了系统开发的效率和效果。盐田法院专门成立智慧法院建设领导小组,同时设立项目建议收集反馈落实联动小组,对建设目标以及项目规划、立、审、执各环节提出业务需求、研发建议和使用反馈,从而优化系统性能和使用体验。例如,将条形码运用与图文识别技术相结合,实现了纷乱的诉讼材料与对应案号的智能挂接、智能入库,打通了无纸化闭环运行的关键节点;针对浏览批注、在线合议、卷宗共享等不断提出改进需求，实现智能阅卷和远程合议等，这些都是法官需求主导的开发模式不可比拟优势的例证，这样的模式能够切实解决一线办案人员在实际应用过程中的痛点、难点问题，做到向科技要生产力，为法官减负赋能，让司法能力升级，而不是流于形式。为了确保全省智慧法院建设能够实现互联互通、数据共享和一体化平台的建成，盐田法院还要求技术公司打通技术接口，开放源代码，为全省乃至全国智慧法院建设实现系统衔接、流程通畅、智能开放、数据共享积累了重要的、有益的经验。

3. 创新电子卷宗生成应用机制

电子卷宗的数据质量决定着智审系统的工作效能和广度，也影响着司法大数据的汇聚质量和应用深度。盐田法院与深圳市中院、有关技术公司共同合作研发电子卷宗随案同步生成和深度应用系统。该系统作为广东省法院综合业务系统的有益补充，于2017年10月在盐田法院上线运行，12月在深圳市法院推广应用。该系统作为智能办案平台，具备辅助事务集约操作、智能阅卷、网上合议、文书辅助生成、一键归档等六大核心功能，以此为根基，全面支持全流程网上办案，为盐田智慧法院向更高水平迈进提供关键支撑。

智慧法院建设，尤其是在无纸化办案初期，最常遇到的问题就是电子诉讼材料命名不统一、分类不准确、过程中文书无法自动电子化并无法加入系统、无法实现不同目录模块之间的顺畅挂接、无法自动分页分册、无法自动编目与排序、无法自动加盖电子页码等问题。盐田法院针对这些问题进行了专项攻坚，与技术公司通力合作，结合实际办案需求定制技术解决方案，通过对电子诉讼材料自动命名、批量上传、自动分类挂接等技术规范的规定，实现扫描上传的材料、办案生成的笔录文书随时进入办案系统；科学设置各类案件归档目录，实现案件在办结后根据系统设置的归档目录自动排序、一键归档，创造性地解决了包括上述问题在内的导致无纸化办案不彻底、效能不高的瓶颈问题。相关设计思路和建设经验多次被主流媒体报道，并被吸收进最高人民法院关于进一步推进电子卷宗随案同步生成和深度应用的有关具体要求之中。

　　盐田法院研发的电子卷宗随案同步生成和深度应用系统确立了纸质诉讼材料同步电子化机制、纸质卷宗材料集中保管机制、电子卷宗材料分段核查机制以及电子诉讼档案随案生成机制等，根据诉讼过程中不同办案人员在不同阶段接收各类材料的情况，通过制度规定，明确立案人员、法官助理、承办法官及档案管理人员，在不同的阶段，对上传的电子诉讼材料的真实性、准确度进行严格核查,保证电子诉讼材料的真实性,确保电子诉讼材料能满足庭审需求,符合归档标准。

盐田法院不断完善电子卷宗全程网上应用和阅卷功能,深度应用卷宗信息,利用OCR转换及语义分析技术对集中扫描的电子卷宗信息进行数字化处理,将其转化为可复制、可检索的电子数据,实现立案、结案信息自动回填,以及程序性、格式化文书的自动生成。在制作法律文书时支持检索复制相关电子卷宗信息,切实减少法官手工录入文字信息的工作量,提升司法数据采集的准确度。系统通过对案件类别、文书类别、适用阶段、适用案由、文书标题、关联单据、生成规则、默认所附法律条文、分配属性等要素进行分析整合,设置默认文书样式和格式化模板,实现简易案件裁判文书的自动生成。同时,系统开发了法律条文自动获取、文书信息自动提取与回写、非公开信息自动屏蔽、全方位差错自动检测等功能,通过信息化手段推进系统效能不断升级。

盐田法院始终严把电子卷宗归档及移送标准,针对归档要求、档案标准、归档流程以及上诉卷宗移送形式的变化,出台归档流程、归档接收标准、上诉卷宗移送流程规定等工作制度,为电子卷宗的数据质量提供了坚强保障。电子卷宗的技术加工、深度分析和挖掘应用前景广阔，针对收案占比较高的特定案由，盐田法院还尝试建立要素规则，实现智能采集、提取个案要素信息，提供类案分析报告，根据个案要素辅助生成庭审提纲、庭审笔录、合议笔录、审理报告、裁判文书等，随着电子卷宗深度应用水平的提升，可以不断提升法官办案水平和效率，提升审判质效和智能化水平。

4. 完善新型审判流程制度体系

在全流程数字化办案扎实推进、效果显著的基础上，盐田法院开始探索将现代科技从工具性的浅层运用推向深层次的规则治理和制度构建，推动构建集约高效、智慧精准、提速提质、便民利民的新型审判流程改革。

盐田法院出台以《关于深入推进无纸化办案优化审判流程工作方案》为核心的新型审判流程制度体系，立足于各类办案人员对于专业化、职业化、便捷化的工作需求，着力解决新型无纸化审判业态下与原有审判流程冲突、矛盾或是规定不明、边界模糊的实操性问题；主动适应司法体制改革的要求，对审判辅助事务进行分段集约处理，出台《盐田区人民法院集中排期、送达工作规程（试行）》《案件材料集中收转工作规程》《集约排期送达工作规定》《法官助理、书记员工作职责暂行规定》等配套制度为补充的体系化工作规程，完善新型审判模式下行为制度规范，合理划分司法辅助人员岗位职能，细化人员分类管理标准及要求，将部分审判辅助事务从审判部门剥离集约；将"对审判流程进行优化设计""加快建立一站式诉讼服务中心""对部门职能及岗位职责进行重组优化""变革流程管理的模式和手段"四项优化审判流程的工作目标落到实处。

在现有改革成果基础上，盐田法院扎实推进审判流程变革，从而推动法院内部机制朝着更加符合智慧法院特点和审判发展规律的方向发生深层次变革，通过观念的更新、技术的迭代、流程的更新，最终释放制度的巨大效能，为智慧法院建设的下一步飞跃提供更加充足的动力。

（二）技术支撑：智慧法院建设的信息基础

1. 把好电子卷宗入口

2018年最高人民法院出台《关于进一步加快推进电子卷宗随案同步生成和深度应用工作的通知》，随后编制《电子卷宗随案同步生成和深度应用技术要求》，总结了电子卷宗集中生成模式和分散生成模式的地方实践经验,供全国法院借鉴,而盐田法院的集中生成模式就被选为试点法院先进模式向全国推广。盐田模式最为突出的特点就在于电子卷宗的一站式集中生成,以集约式换高效能。从全国智慧法院的建设情况来看,在推进法院信息化过程中尝试网络化、无纸化并非盐田法院独有。但长期以来,各地法院更多推行的是"双轨制"以及"阶段性"的无纸化办案模式,具有明显的纸质卷宗依赖性及板块式特征,由于纸质材料和电子材料双轨并行,反而增加了办案人员数据录入的工作负担。究其原因,"是受制于难以对全部的纸质诉讼材料进行科学的数字处理,即无法将纸质诉讼材料转化成可供办案人员全程便捷利用的电子诉讼材料,以及现有技术难以将各办案环节信息化成果流畅的相衔接"[①]。盐田法院在推进电子卷宗随案同步生成深度应用的过程中,之所以能够实现案件材料一站式高效能的数字化生成,重要的举措就在于把住了材料入口关,夯实了信息基础。

明确目标前移标准杜绝例外,实现一步到位。根据《人民法院电子诉讼档案管理暂行办法》等最高人民法院和上级法院关于电子档案的要求,盐田法院结合审判

---

① 广东省深圳市盐田区课题组:《盐田法院单轨制全流程无纸化办案新模式》,载李林、田禾主编《中国法院信息化发展报告 No.3 (2019)》,社会科学文献出版社 2019 年版。

实际情况和信息技术发展水平，妥善处理电子卷宗与纸质卷宗的关系，全面统一办案过程中通过计算机等电子设备形成、办理、传输和存储的文字、图表、图像等电子文件以及同步数字化产生的纸质诉讼材料的电子版本在进入电子卷宗管理系统和深度应用时的技术标准，确保电子卷宗能够全面支持法官网上办案。

纸质诉讼材料同步数字处理，实现只扫一次的目标。通过简化卷宗扫描流程，实现只输入案号点击扫描，系统即可自动处理；实现电子卷宗一键转化，随案生成，由后台自动进行纠偏、去黑边、去噪等；对各类案件信息进行标准化处理，明确系统采集的数据类型；借助图像、音频等智能识别技术实现数据智能获取，降低人工录入成本及差错；打通共享各维度数据存储空间，实现全景化数据汇集。对于纸质诉讼材料的同步数字处理，同一信息只需办案人员进行一次操作，避免重复录入和上传。扫描后的材料若不能随案同步生成电子档案，则不能避免在归档前二次扫描，仍会增加办案人员的负担。盐田在进行数字化办案开发时，充分考虑到了这一业务痛点，根据纸质诉讼档案民事、刑事、行政、执行案件卷内目录制定符合案件办理流程和法官查阅习惯的各类案件电子卷宗正卷、副卷目录；在电子卷宗管理系统中实现电子诉讼文件按相应的案件类型目录排序和管理，目录项下文件夹内没有电子诉讼文件时能够在目录表中自动隐藏该目录项，目录项下有多份电子诉讼文件时允许办案人员或管理人员自行增设子目录项，整理电子诉讼文件顺序。全面记录审判流程节点信息，以电子诉讼文件进入电子卷宗管理系统的时间等信息为标准，确定司法行为的实施时间，为全面记录、全程跟踪审判过程奠定基础。

过程诉讼材料集中智能保管，实现前端截流。办案人员在其他办案系统中形成的电子材料主要通过系统导入方式随案同步进入电子卷宗系统。通过对电子诉讼材料采集命名、分类、挂接等技术规范的规定，无论是扫描上传的材料，还是法院在办案系统中制作的法律文书以及即时生成的各类笔录，随时进入办案系统。通过集中、统一数字化制度，有效实现诉讼过程中案件材料的同步数字化。案件办理完结后，可以根据系统设置的归档目录顺序自动排序，法官助理比对核实后，自动加盖电子页码，自动转化为电子诉讼档案，法官助理耗费大量时间整理纸质卷宗提交归档的情况将不复存在。

2. 建好做实法智云端

2015年6月30日，为落实党的十八届四中全会决定，助力深圳打造"法治中国示范城市"，经最高人民法院批准,深圳市行政案件集中管辖改革正式启动,全市行政案件集中到盐田法院管辖。盐田法院充分发挥行政案件集中管辖改革后,行政审判集约化、专业化的优势,以新形势下的行政审判业务与信息服务技术的深度融合为基础,与有关技术公司合作,自主研发打造"法智云端"网上行政诉讼服务平台。"法智云端"是全国首个专门针对行政诉讼的服务平台,是专门为行政诉讼当事人提供诉讼服务的网上平台,实体诉讼服务中心功能在网上服务平台均可一一投射,进一步方便行政诉讼当事人进行诉讼,提高行政审判质量和效率,促进行政机关依法行政,服务"法治城市"和"智慧城市"建设。

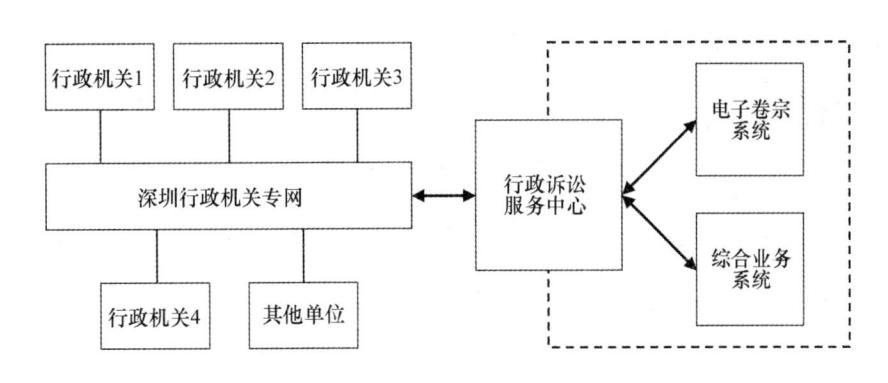

图 3-2 "法智云端"系统结构图

"法智云端"打通了人民法院与行政机关之间的数据连接,同时作为子模块嵌入电子卷宗系统,实现行政案件全流程数字化办理。它能够设置案件信息总览界面,集成展示案件数据信息、待开庭庭审情况、待查看文书、送达情况、上诉案件情况等关键信息数据，提供个性化界面定制，最大限度地提高数据利用效率，有效辅助决策；能针对诉讼、非诉审查不同案件类型和法官、当事人不同办理主体，设置不同办理流程，进行规范化操作指引，为当事人和法官提供智能化操作路径；它推出要素校验功能，系统自动识别超期申请、材料不齐、信息缺失等瑕疵，保障案件办理流程高效运转；它契合行政非诉案件类案件集中特点，提供立案材料批量上传、法律文书批量制作送达服务，大幅提升了行政非诉审查案件办理效率；可以设置各流程节点短信模板，实现流程节点信息向当事人、法官自动推送。"法智云端"于2017年7月投入使用后，截至2020年5月，已有174家行政机关接入该系统，23764宗案件通过该系统办结，占全部行政案件的83.52%，当事人参与诉讼更加便捷，案件办理更加快速，是信息化建设集约、智能、融通的典范，是盐田智慧法院建设成绩的缩影。

3. 一体化平台统一门户

智慧法院建设旨在为审判体系和审判能力现代化提供有力支撑，盐田法院在落实最高人民法院和上级法院相关决策部署的实践中，不断探索和深化智慧法院建设的新路径、新做法。经最高人民法院批准，深圳市中级人民法院与平安集团达成战略合作协议，共同建设"智慧审判、智慧执行、智慧服务、智慧管理"的智慧法院一体化平台。该一体化平台的重要项目之一——"统一门户"率先在盐田区人民法院上线运行。该门户今后将成为深圳两级法院干警办公办案的统一"入口"和获取各类信息的统一"出口"。统一门户在不改变法院原有系统架构和流程的基础上，将分散于各数据各环节工作集中，覆盖法院全业务流程、贯通各个应用系统、融合大数据汇聚分析功能，是智慧法院一体化平台建设的关键"第一步"。

4. 保障好信息网络安全

没有信息网络安全，就没有国家安全。只有真正建立起规范化安全保障体系和专门化运维保障服务体系，才能为智慧法院建设保驾护航，确保司法数据安全。安全对于依托现代信息技术建立的智慧法院而言，具有不言而喻的绝对重要的意义。盐田法院在党组统一领导下，逐层压实责任，优化安全体系，政治处、立案庭、审判执行、审判管理、档案管理、信息技术等各部门通力合作，充分运用先进的信息安全技术，完善信息安全保障机制，落实等级保护和分级保护要求，注重提高安全风险防控能力。通过建立坚固的安全"防火墙"，不断升级安全防护系统，确保基础信息网络和重要信息系统不被侵入、篡改和干扰。高度重视提高全院信息安全意识,定期进行信息网络安全教育和培训考试,有意识地培养专门人才,确保信息网络安全为智慧法院建设保驾护航。

(三)设施完善:智慧法院建设的硬件保障

完备的硬件设施,是智慧法院的基础元件和基本保障。盐田法院在科学制定建设方案的基础上,从实际需要出发,精准投入,加强硬件配套,有力提升了基础设施对智慧法院的支撑能力。

1. 数字中心

盐田法院注重从制约网上办案的各项瓶颈着手,出台诉讼材料集中扫描制度,在全国率先创立"数字中心"。在"数字中心",工作人员会集中扫描当事人提交的纸质诉讼材料和办案人员在诉讼过程中形成的纸质材料,并将其转换为符合深度应用的文本格式。材料扫描进入系统后,每一份都会生成一个条形码进行标注编号,通过材料的登记命名和条码标注这个"身份标识"可以实现材料的准确分类和追踪。数字化办案对电子诉讼材料或当事人提交的纸质诉讼材料扫描转化为电子材料的上传时限、扫描标准、格式规范等都有严格规定，如《案件材料同步扫描及流转工作规程（试行）》第二条规定"案件材料扫描遵循实时扫描、随时扫描和过程扫描的原则，及时将办案过程中形成的纸质材料扫描进入电子卷宗系统"，类似的规定，其目标都在于确保电子卷宗及相关电子诉讼材料的完整准确，办案人员对材料审核的职责十分明确，同时满足归档和阅卷要求，真正做到一次扫描、全程使用、一键归档。"数字中心"成立后截至2020年5月，盐田法院共计扫描材料约226万页，为全流程数字化办案和电子卷宗深度应用不断走向成熟夯实了材料的数字化基础。

2. 文书驿站

数字化办案需要解决的首要问题是必须能妥善解决纸质卷宗的暂存问题。盐田法院创新纸质诉讼材料的保管和归档方式，在全国率先创立"文书驿站"，用于诉讼过程中纸质材料的中转保管。盐田法院出台《纸质卷宗材料保管及借阅暂行办法》，规定对于在诉讼过程中确实需要暂时保管的纸质诉讼材料，实行纸质卷宗材料集中统一保管制度，设立专门的场所和人员负责集中统一保管纸质卷宗材料，实现纸质案卷材料妥善保管、分类储存、定位查找以及按需借阅。纸质诉讼档案的整理、归档工作由档案管理部门负责，纸质诉讼档案根据电子诉讼档案复制形成，法官助理不再负责纸质诉讼档案的归档工作。这种模式从以纸质档案为归档标准转变为以电子档案作为归档标准，节省了整理卷宗的时间，避免了纸质材料二次扫描的资源浪费。将分散保管转变为集中统一保管，解决了原始材料保管责任不清、主体分散、可能遗失以及线上留痕失真的问题，使得责任更清晰、主体更统一、保管更安全。这种制度化、规范化手段解决了确有需要的纸质诉讼材料的保存和利用问题，纸质材料直至案件办结归档，不再流转至办案人员手中。"文书驿站"设立至2020年5月，盐田法院的纸质卷宗借出率不足1%，实现了卷宗材料的前端截流、人卷分离。

3. 左看右写

法官的工作总是伴随着大量的法律文书。文书的撰写和制作占据着法官的主要精力，几乎占到法官工作总时长的一半以上。由于文书质量的好坏与案件质量息息相关，因此对法官办公办案技术上的革新势在必行，开发有力的庭审辅助工具迫在眉睫。基于这样的目标，盐田法院从庭审和法官工作需要出发，开发并使用"左看右写"功能屏幕。顾名思义，"左看右写"庭审功能屏幕将法官端的电子屏幕分为左右两个半区，利用分屏技术、语音转写和信号切换设备的无缝嵌入，可以实现边看庭审记录边进行相应记录和文书撰写的功能。法官可以在电脑显示屏左半边检索、查看、对比庭审记录和相关材料，在屏幕右半边记录、撰写、编辑相应的裁判依据和结果，这与法官的工作方式高度吻合，法官不需要像过去那样在草拟文书与查阅资料间来回切换，裁判思路和文书撰写不再被迫中断和阻滞，而是可以连贯思考，顺畅写作，一气呵成，在极大提升法官工作效率的同时也为判决和文书质量提供了硬件和设备保障。

4. 智能云柜

传统办案模式下，扫描后的诉讼材料由于未转化为可利用的数字材料，法官亦依赖纸质卷宗，扫描材料除了用于电子归档，难有其他用途。实现全流程数字化办案，而非仅部分环节网上办案，所面临的难题即如何解决电子诉讼材料在立案、审理、合议、裁判至结案、归档等办案各环节中全流程使用的问题以及如何将已有的网上立案、网上质证及网上庭审信息化技术巧妙的相衔接，从而形成具有综合性和系统性的电子诉讼模式。盐田法院建设"智能云柜"，确保诉讼过程中形成的案件材料通过云柜及时流转，保证电子卷宗全面支持法官网上办案，案件办结归档时无须二次扫描，简化了流程，提高了办案效率。

四　融合贯通　深化协同机制效应

"全面建成服务所有法官、覆盖所有案件、打通所有流程的网上办案系统,才能为法官网上办案实质化、审判辅助智能化创造条件"。盐田智慧法院建设始终秉持融合贯通的开发导向,不断深化智慧司法的协同机制效应,新的司法图景逐步延展,新的司法动能蓄力释放。

(一) 数字化办案的盐田三全模式

1. 全要素:涵盖全部办案行为

盐田法院以实效为指引、以标准为度量,推进贯穿立案、调解、审理、合议、裁判、执行、结案、归档等涵盖全部办案行为的全要素数字化办案模式的建立。电子卷宗系统中录入和生成诉讼活动所需的全部案件材料，包括起诉状、答辩状、身份证明材料、授权委托材料、证据材料、证据保全申请、财产保全申请、中止审理申请、延期举证申请、法院调查取证材料、诉讼保全材料、委托鉴定材料、庭前阅卷、询问讯问调查调解笔录、开庭传票、送达回证等，材料不齐全影响开庭时，办案人员能够一目了然及时发现，并可以及时督促法官助理于开庭前补充完毕。

法官办案时，可以通过电子卷宗系统在网上阅卷，在网上制作阅卷笔录，阅卷笔录可由合议庭成员、法官助理、书记员共享并进行电子批注。应由法院出具的法律文书一律在网上进行制作，实行网上流转、网上审批、网上签发、电子盖章，文书制作全程留痕。当事人同意使用电子送达方式的，一律使用电子送达。案件审理完结后，同样在系统填写结案信息，上传结案文书。

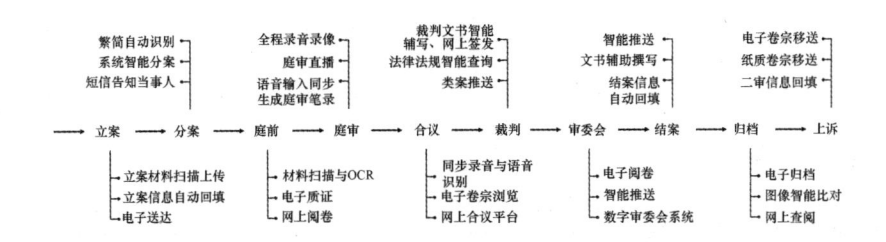

	繁简自动识别 系统智能分案 短信告知当事人	全程录音录像 庭审直播 语音输入同步 生成庭审笔录	裁判文书智能辅写、网上签发 法律法规智能查询 类案推送	智能推送 文书辅助撰写 结案信息 自动回填	电子卷宗移送 纸质卷宗移送 二审信息回填	
→ 立案	→ 分案	→ 庭前	→ 庭审 → 合议 → 裁判	→ 审委会 → 结案	→ 归档	→ 上诉
立案材料扫描上传 立案信息自动回填 电子送达		材料扫描与OCR 电子质证 网上阅卷	同步录音与语音识别 电子卷宗浏览 网上合议平台	电子阅卷 智能推送 数字审委会系统	电子归档 图像智能比对 网上查阅	

图 4-1 盐田法院全流程数字化办案示意图

盐田法院的数字化办案，还实现了审判行为与执行业务、多元纠纷化解制度的相互连通。先后实现了与多元化解"融平台"、执行办案系统的数据对接，有效搭建起以电子卷宗系统为核心的"智慧法院"网络体系。

2. 全流程：涵盖全部审判流程

司法活动是一个整体，其各项业务又均有属于其自身的程序和流程，如果这些业务流程之间衔接不好、配合不顺，司法效率提升就无从谈起。因此，司法"智慧化"的过程，也必须要将信息化应用体系全面覆盖与嵌入于司法体系当中，也即必须打通立案、审判（民事、刑事、行政）、执行、审判监督等所有业务的所有流程节点。

盐田智慧法院建设将传统的审判流程从线下转移到线上，数据信息从纸面转移到"云"上或"链"上，首先考虑的就是将诉讼环节的所有流程节点打通，使数字化办案能够完全在线上运行无阻，没有哪个环节需要回到线下完成，各类诉讼材料实时上传到办案系统，各个办案环节均脱离纸质卷宗进行，形成了贯通全流程、畅通且融合的司法信息应用体系。事实上，只有信息化、智能化乃至"智慧化"的技术手段才能真正实现这种系统性融合贯通，才能以现有各类应用系统为基础，打通数据接口，推动平台资源整合和业务协同。同时，这种技术手段还立足现实予以完善。

此外，量刑辅助、要素审判、风险预警、类案推送等智能辅助类系统应用，主辅结合、互相支撑，让智能化辅助应用覆盖到审判各个环节，智慧司法才能获得稳固的根基与畅通的渠道，审判质效的全面提升才会获得新动能。

3. 全覆盖：涵盖全部案件类型

推进以审判为中心的诉讼制度改革是党的十八届四中全会确定的重大改革任务，而推广刑事案件智能辅助应用，是助力以审判为中心的刑事诉讼制度改革的重要支撑。从2018年5月18日以来，盐田区人民法院率先在民商事、行政和执行案件范围内实行全流程数字化办案后，2019年6月，又将这一范围扩大到刑事案件。不同于民商事、行政案件，刑事案件一个比较显著的特点是案件材料普遍比较多。经过反复探索和尝试，盐田法院在刑事案件的数字化办案中增加了精准检索、证据比对、证据实时展示等新功能，检察机关在起诉时提供证据材料的电子版本可批量上传并自动编目，并按照法官阅卷习惯排序挂接，这些针对性强、融贯性高的功能让办案人员的阅卷体验进一步优化，大幅提升了办案效率。

盐田法院的数字化办案是真正实现无纸、闭环的线上办案，是单轨制一体化的新尝试，相对于传统办

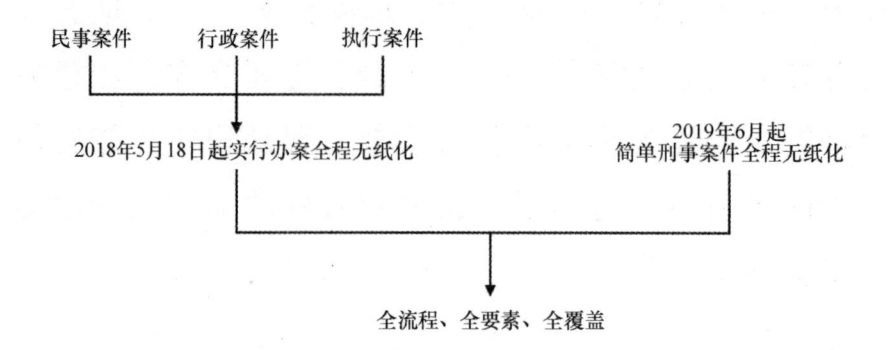

```
民事案件   行政案件   执行案件
     ↓                              2019年6月起
2018年5月18日起实行办案全程无纸化    简单刑事案件全程无纸化
                    ↓
              全流程、全要素、全覆盖
```

图 4-2　盐田数字化办案实现全流程、全要素、全覆盖

案模式，盐田法院的"全要素、全流程、全覆盖"的数字化办案，彻底实现了人民法院办案载体的转变、卷宗流转路径的转变、办案行为方式的转变、办案留痕方式的转变和司法辅助事务职责转变等颠覆性革新，不失为基层法院数字化、智慧化的成功实践。

（二）内部建设与外部建设内外贯通

1. 统一门户搭建法院之间的信息交换平台

盐田法院积极参与深圳智慧法院一体化平台建设，先行先试，上线运行一体化平台统一门户。在一体化工作平台中设置统一操作入口，将各类集约事务操作嵌入一体化工作平台，为办案人员提供便捷便利的使用，搭建法院之间畅通无阻的信息交换平台。

第一，为各个业务系统提供"一体化"集成。统一门户对接深圳两级法院各业务信息系统，可以快速实现法院信息交流的实时共享和双向性,打通数据接口、集成应用界面、实现信息交流共享,最大限度拓展和完善了法院各业务系统的功能,真正构建全流程全业务一体化应用平台。

第二,为各类司法事务提供"一网式"办理。无论是立案、缴费、阅卷、送达、保全、鉴定、评估、拍卖等诉讼事务,还是实时数据、审限监管、案件质效等审判管理事务,以及会议、培训、人事、考勤等司法政务,都无感嵌入统一门户,各种需要办理的工作事项进行集中展示,单点登录、便捷跳转、快速响应,大幅提升信息利用和资源管理效率,有力促进审判质效提升。

第三,为各种信息数据提供"一站式"展示。统一门户提供数据统一展现平台,对各类信息系统基础数据统一集成、统一展示,实现基础数据由分散式管理向集约化管理转变,动态趋势实时展现、实时查询、实时分析,最大程度提高数据利用效率,有效辅助决策,提升法院精细化管理水平。

第四,为各岗位工作人员提供"个性化"定制。坚持以人为本,卡片式进行用户界面配置,可以根据各岗位人员工作需要设定个性化的门户信息和服务事项,丰富的门户元素能够提供足够的选择空间以满足工作需求,让门户内容与工作习惯更好融合,真正成为法院干警办公办案的贴心助手,全面优化使用体验。

统一门户通过其统一协调管理、高度集中办理、高效便捷处理的工作特点,让原有多个事项需多个平台操作的局面得以根本改变,破解了操作烦琐、重复录入、信息分散等制约程序效能的难题,进一步推动了法院工作运转机制与现代信息技术的深度融合,为人民法院实现全业务网上办理、全流程依法公开、全方位智能服务的组织、建设、运行和管理形态打下了坚实的基础。

2. 内部办案系统与各类外部应用一体融合

"内部电子法院是保证电子诉讼的工具与形式,是电子法院建设的初级阶段,也是外部电子法院的基础。外部电子法院则是使用电子系统实施传统意义上的诉讼行为,或在未来减少传统行为实施方式的一种制度"①。智慧法院建设应当实现内部建设与外部建设的贯通。盐田法院的数字化办案注重各类应用的一体建设。融合各类应用系统的内部平台,集成司法公开、诉讼服务、沟通宣传等外部服务平台,并尝试将二者相互打通,这样不仅提高了诉讼效率,还能整合法院审判资源,大幅提升人民法院在案件办理、诉讼服务、

---

① 王福华:《电子法院:由内部到外部的构建》,载《当代法学》2016年第5期。

司法管理、法治宣传教育中各类业务应用的自动化和智能化水平，利用智慧法院的平台促进各方主体参与电子法律交往，实现司法与社会的良性互动，在当事人与法院间形成协同型诉讼文化。与此同时，盐田法院还立足现有各类信息系统，在进一步拓展业务应用支持的同时，下大力气推进各类系统的贯通与融合，提高一体化水平，力求建设从孤立走向平台化、生态化的新模式，打造业务和服务创新生态。这样的智慧司法生态体系能以最小的成本达成最优的司法服务，同时也在社会治理中纳入社会力量，形成了共建、共治、共享的治理格局。

3. 全方位智能服务保障数据无碍交流共享

盐田法院深入挖掘电子卷宗应用潜力，积极拓展电子卷宗应用范围。以现有各类应用系统为基础，以打通数据接口、集成应用界面、拓展和完善业务功能为目标，构建以法官为中心的融合审判、执行、人事、司法管理等各类应用系统的内部融合平台，以当事人和律师为中心的融合司法公开、诉讼服务、法治宣传等各类应用系统的外部服务平台，并贯通内部和外部服务平台，形成不断开拓创新的智慧法院建设发展大格局。智慧法院建设是一项长远的司法事业，具有鲜明的长期性、复杂性与支撑性。因此，在建设过程中，要不断开拓创新，盐田法院已经搭建了数字化办案这一坚固的底层操作系统，系统具有开放性和包容性，能够与时俱进、因地制宜地添加各类拓展应用，构建现代化智慧法院应用体系，持续提升智慧法院促进审判能力和审判体系现代化的能力。

（三）智慧法院与司法改革相辅相成

深化司法体制改革和智慧法院建设，是夯实审判体系和审判能力现代化的基础，是中国特色社会主义司法制度现代化的两条主线。借助现代信息技术助推司法改革，一直是盐田智慧法院建设的目标之一，智慧法院建设能为司法体制综合配套改革提供燃料和驱力，同时，现代科技在司法领域的深度应用对传统司法审判模式也不断形成冲击引发变革需求，二者协力开拓新局新路，是共同推进司法现代化的重要力量。

1. 智慧法院建设纳入深化司法改革整体规划

"深化司法体制综合配套改革"是党的十九届四中全会对司法体制改革进行的战略部署，是全面深化改革这盘大棋局的重要一环。而人民法院信息化建设既是人民法院深化司法改革的基本内容之一，也是全面深化司法改革的重要引擎和强大动力。盐田法院坚持从全面深化司法改革的大格局谋划智慧法院建设，将智慧法院建设纳入深化司法体制改革的整体规划，聚焦突出问题，把握重点任务，强化科技助力，实行全流程网上办案，构建"网络化、阳光化、智能化"的审判运行新模式。基层智慧法院的建设非常需要这种问题导向、改革导向和整体思维，将智慧法院建设纳入深化司法体制改革的整体规划，可以将智慧法院建设的目标与司法体制综合配套改革的目标对齐，充分运用现代信息技术破解法院工作面临的现实问题和发展难题，令所有的"智慧"创造都有的放矢，有章可循，不断推动司法体制综合配套改革取得新成就。

2. 智慧法院建设为司法改革提供支撑和保障

《最高人民法院关于深化人民法院司法体制综合配套改革的意见》明确提出要建设现代化智慧法院应用体系，并列举了深入推进智慧法院基础设施建设、推动科技创新手段深度应用、有序扩大电子诉讼覆盖范围、完善电子卷宗生成和归档机制、完善司法大数据管理和应用机制等任务要求。当前，新的司法图景逐步延展，新的司法动能蓄力释放，许多领域实现了历史性变革、系统性重塑、整体性重构，司法体制改革已进入"深水区"。改革的复杂性、敏感性、艰巨性更加突出，比以往任何时候都更需要依托新科技不断激发制度活力，强化科技助力，提升审判质效。特别是在当前全面深化改革落地起效向组合发力的重要时期，众多改革举措能真正被人民群众感知、理解、认同和拥护，离不开司法的作用。人民法院尤其是基层法院，作为司法活动的重要载体，承担审判职能，是公平正义最直接的"生产者"，其"生产方式"和"生产工具"的现代化决定了中国司法能否最终全面实现现代化，只有审判体系中每一个最小单元和部件都足够智慧，司法体系整体的高度智慧才可能实现。盐田法院在智慧法院建设中始终紧扣司法体制综合配套改革的目标，构建自己的智慧法院网络体系，实行全流程数字化办案、优化审判流程，构建"权责明晰、规范有序、监督有力、全程留痕"的新型审判监督管理机制，建设对接深圳两级法院各业务信息系统的智慧法院一体化平台，推动各项改革举措能够与新技术的应用紧密嵌合，通过深化科技应用破解传统观念、环境和手段下难于解决的"顽疾"和"症结"，不断规范权力运行，提升审判质效，维护司法权威，为司法体制四项基础性改革和其他体制性问题的改革及其配套制度改革提供支撑和保障。

3. 智慧法院与司法改革合力释放司法新动能

盐田法院智慧法院建设始终服务于改革，立足于妥善处理好司法供给和司法需求的紧张关系，与司法体制改革齐头并进，相向而行，不断推动人民法院从传统司法向智能司法转型，全面提升人民群众获得感，从而建立更加权威、公正、高效、可信赖的现代司法体系，促进审判体系和审判能力现代化。

审判业务开展应是法院司法活动的核心，但在传统司法运行过程中，一线办案人员工作负担较重。以盐田法院为例，实行行政案件集中管辖后，案件成倍增加，单纯增加人力也很难应对案件量持续增长。对于很多非审判性事务也要投入人力来加以应对，从某种角度来说，这也是一种人力资源的浪费。尤其是对于那些业务素质较高、法律功底较好的一线审判办案人员，应该最大限度地确保其将主要精力放在审判业务方面。通过人工智能、大数据等技术手段或方式替代司法过程中大量重复性、辅助性工作，就可以把信息技术实在地转化为一种司法能力。化解"案多人少"的压力。

为适应全流程数字化新型审判业态要求，进一步优化资源配置，盐田法院制定《审判辅助人员工作职责暂行规定》，合理划分司法辅助人员岗位职能，严格落实司法责任制，进一步细化人员分类管理标准及要求，旨在让法官从繁杂的审判辅助事务中解放出来，提升审判辅助工作质效。这项改革将经常性审判辅助性事务划分为实体性辅助事务和程序性辅助事务，实体性辅助事务主要包括组织庭前会议调解，与当事人沟通，辅助撰写文书，采取执行措施等。程序性辅助事务，主要包括信息录入，排期送达跟踪记录等。程序性辅助事务由集中到诉讼服务中心的书记员负责，在具体业务方面服从案件承办法官和法官助理的指导和安排。不同性质的辅助性事务由不同的人员处理，改变了案件单线流转模式，主要改变如下。

一是突出审判中心地位，制定出台系列制度规范。将立案庭的诉讼服务功能从为当事人提供对外服务，积极向为办案人员提供对内服务拓展。改变案件单线流转模式，将审判辅助事务从审判部门剥离后集约化处理，其中对立案后至开庭前的材料收转、排期、送达三项事务，案件审理过程中的庭审记录及保全鉴定两项事务，结案后的归档、上诉两项事务全部统一集约处理，减少中间环节，保障网上办案闭环高效衔接，提高程序效能。

二是全力构建"双驱动"团队配置模式，持续增强合力提升办案质效。基于全流程办案模式下同步语音转写功能的推广，传统书记员承担的"速录"职能日渐弱化的现状，盐田法院改变"法官—法官助理—书记员"的单一团队配置模式，将审判事务划分为核心事务和辅助事务，分别采取不同的团队配置模式。

辅助事务即为上述集约处理的事项，由"法官—书记员"团队处理，由诉讼服务中心管理；核心事务则主要包括组织庭前会议、调解、与当事人沟通、撰写文书、采取执行措施等，由"法官—法官助理"团队处理，分属各审判执行部门负责。书记员所承担的辅助事务不再纳入审判团队的组合中，以着力增强法官和助理之间专司裁判的合力。出台《法官助理、书记员工作职责暂行规定》，实时调整新型办案模式下的审判辅助人员岗位职责，保障两种团队在各自环节各司其职，实现审判核心事务与辅助事务的科学分道、高效处理。

三是全速建设智能化事务操作平台，实现集约事项办理流程化、标准化、精细化，规范各项集约辅助事务操作流程和操作规范。配合集约管理需要，基于上述制度规定加快电子卷宗系统功能优化，迅速上线集中排期送达、动态数据提示、排期冲突校验、异常情况提醒、排期异议交互、送达方式排序、送达报告生成、卷宗瑕疵识别等多项功能。设置集约组组长管理界面，实现工作统筹安排、人力实时调配。对报结案件缺少必需案件材料的情况发出异常提示，保障电子归档一次成功率。严格管理案件办理的各项流程节点，依照排期审批、送达审批、归档审批的办理时限，自动发送超期预警提醒。同时充分考虑个案情况，设置不予受理、不属于本院管辖范围、追加当事人等异议情形，便捷办案人员操作。排期送达的审批、异议均全程留痕，超期未操作的自动进入下一环节，最大程度避免因主观原因带来的办案周期不当拖延。

（四）智慧法院与社会治理现代化相得益彰

1. 专业型创新型智慧型现代化法院助力司法为民

盐田法院注重发挥行政审判对行政机关依法行政的监督和规范作用，全国首个行政诉讼服务平台"法智云端"的建设和启用是盐田法院深化司法与行政良性互动的新平台和主阵地。"法智云端"不仅可以更加方便人民群众和行政机关参与诉讼，且集行政审判、交流互动、法治宣传等多功能于一体，最高人民法院将行政审判中心评价为"深圳法院贯彻落实司法改革的又一创举，是体现深圳行政审判特色、展示深圳法治形象的重要窗口，在全国具有示范效应"。盐田法院借助"法智云端"平台建设，进一步整合全市优质行政审判资源，提高审判效率，实现行政案件审判数据可视化，行政案件开庭、行政机关败诉、负责人出庭等情况一目了然，数据实时更新，向行政机关反馈数据效率大幅提升。充分运用智能政务办公系统，与行政机关公文往来、数据推送便捷高效。盐田法院发挥集中管辖优势，着力构建司法与行政良性互动机制，逐步形成了"党委领导、全程互动、平台搭建、科技助力"互动新格局，促进行政机关依法行政水平不断提升。2016年以来，盐田法院审理的行政诉讼案件中行政机关负责人出庭应诉人次逐年上升，行政机关败诉率逐年下降，行政纠纷实质化解率维持高位。经过多年探索，通过打造具有深圳特色和全国影响力的专业型、创新型、智慧型现代化法院，形成可复制、可推广的智慧法院建设的"盐田模式"，为盐田区加快建成宜居宜业宜游的现代化国际化创新型滨海城区，在将深圳建设成中国特色社会主义先行示范区的征程中走在前列，为粤港澳大湾区建设提供更加有力的司法服务和保障。

2. 更好发挥职能作用依托智慧法治优化营商环境

一是注重诉源治理，平等、全面、依法保护民营企业，保障和支持企业的正常经营活动。"法治是最好的营商环境"，从网上立案、在线审判到智慧执行，盐田法院做了大量的工作。尤其是制定出台《关于为优化营商环境提供司法保障的实施意见》，创新发展新时代"枫桥经验"，完善"前端疏源＋内部分流"的多层次纠纷化解机制，通过建立专业化、类型化调解队伍，引入智能化案件结果评估软件，指引当事人选择调解或者和解等更加经济、高效的方式解决争议，推动争议在源头、在诉前化解。

二是加大失信惩戒力度，以智慧执行和善意执行化解执行难的问题。近几年来盐田法院强化执行力度，拓展执行方式，加紧织密执行网络，重视保全等前置程序的审查等，在执行力度和精度上均有了新的突破，赢得了本地企业家的一致好评。为了以坚实的法治保障助推营商环境优化，切实维护市场主体的合法权益，盐田法院始终注重聆听企业呼声，同时主动接受人大代表监督，在强制执行办案中践行善意文明执行理念，注重强制与善意的平衡，把握力度与温度的平衡，实实在在为企业解决生产经营中的各类法律问题。疫情防控期间，对受疫情影响较大的批发零售、住宿餐饮、物流运输、文化旅游等行业慎重适用强制执行措施，力促双方当事人达成执行和解，给予企业自救缓冲期，帮助企业在新冠肺炎疫情之下渡过难关，充分践行了司法为民、公正司法的理念，在智慧司法改革服务经济社会发展上下功夫，出实招，见实效。

三是利用数字平台搭建互动新体系，实质化解行政纠纷，以法治政府、法治社会优化营商环境。盐田法院以破解行政审判中的重大疑难问题为导向，以实质性化解行政争议、提高人民群众获得感为目标，建立健全行政纠纷多元化解机制,与政府法制部门、律协签署合作备忘录,成立多个行政纠纷化解工作室,充分发挥行政机关前端疏源作用;加强立案引导协调,积极与行政机关沟通协调,将矛盾纠纷化解在诉前;诉中互动注重释法化解,精选典型案例组织行政执法人员旁听庭审,以案释法,增强行政机关依法行政和规范应诉能力;建立重大案件沟通协调机制,大力开展巡回审判和示范诉讼,着力化解群体性纠纷,对重大行政纠纷适当提前介入,为行政机关提供法律建议并提示涉诉风险。逐步构建起"诉前互动注重协调预警,诉中互动注重释法化解、判后互动注重反馈提升"全程互动新体系,为优化法治营商环境再添数字新动力。

3. 挖掘司法大数据服务地方治理的决策参考功能

盐田法院十分重视司法大数据的决策参考功能,在盐田智慧法院的建设过程中,注重案例数据积累,建立生效行政裁判及指导案例数据库、搭建类案裁判搜索和分析系统。通过对裁判结果的分析研判,发现行政执法中存在的问题,以多种形式向行政机关反馈,促进执法水平的提升。2016年以来,盐田法院单独或与市中院联合发布年度行政审判白皮书及年度典型案例3期,连续两年举办行政法治盐田论坛和行政法治深圳论坛，与行政机关开展座谈交流 84 次和授课讲座 49 次，逾 5000 人次执法人员获益；2017 年以来，盐田法院向行政机关发出司法建议 29 份，回复率逐年升至 100%。根据司法建议内容，深圳市交通局重新规范执法文书文本，深圳市市场监督管理局着手改进登记系统等。定期编发《行政审判资讯参考》，向行政机关通报行政机关正副职负责人出庭情况、败诉情况、行政案件新特点、推送新法及典型案例，以裁判者的视野，全方位把脉行政执法行为，为行政执法提供法律参考。同时，盐田法院也通过深度挖掘分析海量案件信息资源，发挥司法治理的能动作用，强化新兴领域治理的司法裁判引领，以裁判树规则、促治理，辅助党和政府部门以科学决策促进国家治理体系和治理能力现代化。

4. 实践与理论相结合，深化智慧司法法治保障研究

盐田法院在智慧法院的建设过程中十分注重累积学术资源。积极围绕智慧法院建设、行政案件集中管辖等主题搭建学术交流平台，拓宽视野，鼓励和支持法官投入学术研究。2018 年和 2019 年，盐田智慧法院建设的主题调研报告两次入选法治蓝皮书，这是权威学术机构对盐田智慧法院建设经验的高度肯定，也为

盐田经验及其在全国范围的交流推广奠定了良好基础。盐田法院还先后联合举办行政法治深圳论坛、开展审判沙龙、组织接待全国科研机构学者调研来访等交流活动，充分发挥了互动交流平台功能和桥梁作用，通过审判实务与学术理论的深度沟通和有效互动，为盐田智慧法院向更高水平、更深层次迈进找到了丰厚的理论土壤和智力支撑。

五 交互运智 整体增进司法能力

中国法院紧紧抓住蓬勃发展的时代机遇，深化现代科技与司法体制改革融合驱动，推动智慧法院从网络化向智能化迭代升级，加快推进"智审、智执、智服、智管"建设。盐田智慧法院建设始终内在地贯穿着一条主线，即以增进司法能力为内核的建设模式，设计并实施各种改革方案与措施，通过实现人民法院组织现代化、能力现代化、制度现代化，使人民法院在每一个司法案件中实现公平正义的能力和水平得到明显提升，以司法能力现代化促进国家治理现代化。

（一）智慧审判彰显司法能力

1. 以审判为中心积极赋能法官法院

有学者总结，"司法能力，可以解析为司法覆盖各类社会纠纷、受理各类案件的能力；高效审理案件、快速处理纠纷的能力；正确适用法律、公正解决纠纷的能力；实质性化解纠纷的能力；低成本、便利化地解决纠纷的能力；引导和推动多元纠纷解决机制的能力；彰显立法精神、正确引导社会行为的能力；推动社会发展、促进社会文明进步的能力等八个方面"[①]。信息技术革命为人民法院的工作打开了全新的信息化通道，司法与科技的亲密接触是大势所趋，不可避免。但基层人民法院在这场深刻的变革中，要遵循什么样的价值理念，应当给智慧法院一个什么样的定位，必须受得住追问，经得起检验。公平正义始终是司法永恒的追求，也是司法的生命所在，因此向全社会提供公平正义司法产品的智慧审判也就彰显着司法最基础性也最重要的能力。

工欲善其事，必先利其器。为方便法官进行电子阅卷，盐田法院开发了多种实用的审判辅助工具，提升工作效率的同时极大增强了办案人员的使用意愿。例如在电子阅卷方面，设置证据比对功能，在升级后的数字化办案系统中，办案人员可同时选取多份证据材料，通过简单拖拽即可形成并列窗口，便于办案人员对材料进行同步比对、瑕疵识别；嵌入语音识别技

---

① 顾培东：《人民法院改革取向的审视与思考》，载《法学研究》2020年第1期。

术，办案人员只需说出证据材料名称，系统即自动匹配并打开相应材料，阅卷更加便捷智能。庭审中，法官通过语音调取的证据可实时推送至当事人电脑屏幕上同步展示，更加方便当事人参与诉讼；实现材料精准检索，办案人员只需输入关键词，该案所有包含关键词的材料均可被检索罗列，实现所需材料快速精准定位，节省了办案人员查找材料的时间；电子智能批注，法官审阅案件已经扫描的电子卷宗信息，并可以使用智能化服务，包括基于关键文字的卷宗全文检索、案件文书的自动生成和智能回填文书信息以及查看智能推送的案件信息和法律法规信息。在这项功能下，根据法官的工作习惯，系统设置了阅卷目录，原告、被告、第三人、程序性材料等分门别类，可以自行调整，阅卷的同时进行电子批注，实现了与纸质阅卷近似的功能。在以往的数字化系统中，办案人员若想查找某份特定材料，需要自己手动在智能阅卷系统的材料清单中查找。而现在只需要输入关键词，即可实现阅卷批注快速查找。

盐田智慧法院建设始终以审判为中心，积极赋能法官法院，立足司法职能，遵循司法规律，持续改善建设方法和路径，但始终不偏离公平正义这一终极价值，旨在不断提升人民法院在运送正义的能力。

2. 统筹运智，线上审判行为日益多元

盐田智慧法院不断优化与完善"寻找"的路径与方法，攻坚克难，持之以恒，主动运用新科学、新技术构建的审判工作运行新模式，在业务应用场景方面实现了系统内及系统外的互联互通、数据汇集，为法官办案提供更为便捷智能的辅助服务。

探索网上合议。为进一步适应数字化办案工作，充分发挥合议庭职能，提高合议庭工作效率，根据《最高人民法院关于人民法院合议庭工作的若干规定》《最高人民法院关于进一步加强合议庭职责的若干规定》等规定，盐田法院制定了《盐田区人民法院无纸化办案合议工作规程（试行）》，探索实现网上合议和数字审委会。网上合议和数字审委会彻底打破了传统合议方式下合议庭成员必须同时在场的时空限制，合议庭成员将可以同时网上阅卷，选择当面合议，或选择网上合议。网上合议由案件承办法官发起，系统会根据《最高人民法院关于人民法院合议庭工作的若干规定》自动确定发言顺序并提醒发言人员发表合议意见。合议庭成员完成对评议结果的表决后，系统可以根据合议庭表决情况，自动总结合议庭结论，再由审判长进行修改。合议结束后，系统可以自动生成合议笔录，由法官助理在系统中流转合议庭成员进行在线

电子签名确认，全部确认后系统自动在合议笔录上加盖电子签章，上传至电子卷宗目录。合议系统也将尝试进行在外网操作的配套研发，保障人民陪审员参与网上合议。需要提交院审委会讨论的案件，承办法官同样可以在网上提交申请，审判管理部门根据审判委员会工作规则，发起网上讨论流程，各审判委员会委员网上审阅审理报告、查阅卷宗并参加会议讨论，经各审判委员会委员电子签名确认的笔录同步生成电子卷宗材料。合议和审委会讨论过程将更加智能规范，有助于审判效率的叠加提升。

完善电子送达。在智慧法院的建设过程中，盐田法院还不断尝试借助信息化手段推行送达制度改革，探索电子送达方式，完善适用规则，大幅提高送达的效率及准确率。首先，全流程数字化办案能够辅助法官一键生成各类通知书、传票、公告、送达回证等程序性文书；其次，打通与法院外部系统如邮政公司、互联网公司、门户网站、移动通信公司等平台的数据连接，实现邮寄、公告等传统送达方式电子化，通过E键送达系统一键完成邮寄送达，无须人工收件送邮；同时，研发微信送达等重点建设项目，形成微信送达应用场景，为解决送达难提供信息化方案；最后，与执行办案系统、多元化解平台、司法专邮E键送达平台、审判管理平台以及其余政府机构平台等逐步实现数据对接，构建功能齐全、流水操作的无纸化办案平台，在提高审判效率的同时亦加强便民诉讼。"送达制度电子送达的远程化、便捷化、高效化特点，可以使当事人及时了解、保存关涉自己重大利益的判决书、裁定书和调解书，契合以当事人为中心的理念要求。"盐田法院电子送达的广泛适用，方便了当事人，节约了司法资源，加快了审判进程，提升了办案系统一体化服务水平，进一步夯实了智慧法院建设的技术基础。

类案自动推送。2020年7月31日，最高人民法院《关于统一法律适用加强类案检索的指导意见》开始试行，类案检索制度对于深化司法责任制综合配套改革、进一步统一法律适用发挥越来越重要的作用。盐田法院在智慧法院建设过程中一直非常注重类案推送功能的开发和完善，力求依托全流程数字化办案，自动为法官提供法规查询、案例指导、量刑参考、智能纠错。系统通过案件要素信息匹配自动查询案例库，查找出类似案件信息，并主动推送给法官，法官可基于系统推送结果进行二次深度查询。法官可在线浏览、识别、对比、整理类案裁判文书，能够快速为自己的判断找到"对标"和"参照"，甚至通过"预警"实现"纠偏"，法官在系统辅助下可以高效制作专门的类案检索报告，逐步完善审判数据库，形成越来越可靠的数据积累，实现类案数据与裁判质量相互促进的良性循环，有助于统一裁判尺度，让智慧司法的能动作用不打折扣地获得预期效果。

3. 搭建和完善跨部门办案共享平台

司法与信息技术的互动是一个循序渐进的过程，技术的作用在于使得诉讼程序和体制更加合理和有效，与时俱进。盐田法院在推动智慧审判方面有许多创新创造，具体而言包括材料准确编目、智能阅卷批注、证据展示比对、智慧数字庭审、裁判智能辅助等。这些智能化应用实现了扫描材料高精度批量上传，大幅提升了纸质材料同步数字化效率。法官可以基于案件电子卷宗信息随时随地使用智能化服务，包括基于关键文字的卷宗全文检索、案件文书的自动生成和智能回填文书信息以及查看智能推送的案件信息和法律法规信息等，通过当事人身份证号或组织机构代码证号匹配自动查询案例库，同时，系统还能通过案件要素信息匹配自动查询案例库，查找出类似案件信息，并主动推送给法官。盐田法院还在上级法院支持下加强与有关技术公司的沟通协调，打通各系统数据连接，努力实现各办案系统间的数据互联互通，实现"直通到底"。建设数据共享交换平台，通过安全可控的对外业务协同平台，促进法院与公安机关、检察院、行政机关之间的案件实体数据网上交换，畅通法院内外部数据流动渠道，打破部门与行业壁垒，逐步实现与网上立案、刑事案件跨部门卷宗移送、行政案件行政机关网上材料交接等工作平台的衔接，探索建立工作联动机制。

（二）智慧执行延伸司法能力

盐田法院坚持走执行信息化之路，通过执行信息机制的建立与各种信息技术手段，破解执行难题，延伸了人民法院的司法能力，距离"让人民群众在每一个司法案件中都能感受到公平正义"目标的实现越来越近。

1. 健全执行配套规定

执行工作在实践中面临着各种各样的复杂问题，若想实现整体上的良性效果，不仅仅要着眼于被执行人的诚信层面，还有很多配套功能需要着力构建。盐田法院针对数字化执行过程中的信息采集、信息录入、执行联查、执行记录、文书签发、司法网拍等实操性问题进行深入研究，出台网络财产查控、网络司法拍卖等流程规定，健全配套规则。盐田法院还致力于打通执行办案系统和办案平台、破产案件信息管理系统数据接口，接收审判环节的电子卷宗等数据，推进措施资源、信息资源和财产处置资源共享，着力实现与社会诚信体系的全面联动。

2. 线上线下执行联动

在建设智慧法院的过程中，盐田法院探索数字化执行机制，充分运用执行信息化手段，一手抓线上网络查控，一手抓线下执行联动。一方面接入最高人民法院"总对总"网络查控系统和深圳"鹰眼系统"；另一方面在线下快速办理查扣冻，灵活运用委托执行系统，减少异地执行带来的困难。盐田法院尤其重视疏通涉企执行通道，大力清理涉企执行积案，力克执行顽疾，加大涉企执行强制执行力度，最大限度保护涉企申请执行人权益。盐田法院力求实现执行业务管理信息化全面覆盖，建立执行积案动态台账，采取逐案督办的方式持续清查涉企积案，先后将18家企业法人移送破产。司法执行相关信息的充分流动与充分共享，是智慧执行强化司法能力的基础。

3. 智能应用全面配套

盐田法院以高标准建成执行指挥中心，完善司法执行相关数据库，让司法执行活动围绕"便利"和"有效"下功夫。"便利"意味着执行申请人可以较为顺畅地少付出各种成本就获得审判执行的效果；"有效"意味着执行申请人的执行请求可以获得全面的支持,以彰显司法权威,利于法律推行。盐田法院进一步以信息化促精准执行、智慧执行,上线运行执行智能应用,执行指挥中心远程指挥、执行联动、值班巡查、视频会议等信息化功能不断健全。

(三)智慧服务强化司法能力

智慧法院不断拓展司法公开的深度和广度,开辟司法为民的领域和窗口,创新公众沟通的方式和渠道,从无到有逐渐构建起完整的智慧诉服体系,服务人民群众赢得良好社会反响,取得显著成绩,强化了人民法院为人民服务的司法能力。

1. 放大诉讼服务格局

经过长期建设,各地法院诉服线上功能模块普遍已经较为齐备,可以大致总结为"咨询—立案—分流—调解—审判—执行"这些环节。上一阶段的诉服建设已完成了基本体系的构架、基础设施的搭建,但部分模块功能在易用性上还有待提升;此外,由于建设周期普遍较长,承办人员、信息化供应商、技术流行趋势经常变化等原因,诉服系统也难免存在交叉建设、入口多、功能重叠、账户不统一等问题。在解决这些共性问题的过程中，盐田法院逐渐摸索出既能化解痼疾，又反映智慧法院发展趋势的解决方案，这就是利用更加通畅的全流程办案系统，深度应用案件数据，将智能诉讼服务和智能审判辅助一体建设的方案。

2. 优化诉讼服务体验

2017年以来，盐田法院依托良好的信息化建设基础，承担"智慧法院"试点工作，推进信息化改革。2018年，盐田法院结收案比达100.6%。在加快法院运转的同时，智慧法院还让"当事人、诉讼参与人和律师少跑路，数据多跑腿"。通过盐田法院信息化平台，当事人可网上申请立案、网上接收程序性法律文书、远程视频庭审。真正做到了向信息技术要生产力，用司法公信提升群众司法获得感，用行政案件规范行政行为，提高政府服务百姓的能力，释放出促进法治政府建设的巨大效能。完善诉讼服务大厅信息化配置，为当事人提供自助立案、缴费、信息查询等"一站式"信息化服务。完成对所有法庭的高清数字化升级改造，实现庭审录音录像、语音转写、网络直播功能全覆盖。

（四）智慧管理提升司法能力

智慧法院建设的特殊之处在于会随时随地积累大

量数据，这些海量、无序、非结构化的数据需要分类加工、深度整合，挖掘提取出可利用的信息。因此，智慧法院建设对数据挖掘、数据分析和数据利用等数据信息能力要求较高。盐田法院注重对审判、执行、管理、人事、行政等各类有价值的数据进行编辑整理，同时畅通一线审判部门同信息技术部门的链接，逐步提高自身数据信息能力，生成各类数据方案以辅助法官办案、提升案件审理效率、提高审判资源利用率。

1. 创"1+3"审判监督管理系统

盐田法院聚焦全面提升审判质效，有效规范司法行为，依托全流程网上办案，打造审判数据可视化、案件数据管理、审判绩效管理三大系统，有力提升审判管理智能化水平。"审判数据可视化系统"侧重于从微观层面展现各类司法行为，所有办案行为、监管行为在平台动态展示、实时汇聚，全程留痕可追溯，促进办案人员自我规范办案行为、审判监督管理更加精准高效。"案件数据管理系统"自动抓取统计办案系统信息数据，通过全院总览、统计报表、重点案件、案件预警、案件质效五大功能模块分类展示，实现收结案、长期未结案件、未结超审限案件、核心质效指标等重要数据动态展示、常用统计报表自动生成、重大敏感案件自动识别、临近审限、上诉案件移送等关键节点预警提示。"审判绩效管理系统"嵌入本院绩效考核规则，设置办案数量、办案质量和办案效率等计分标准，实现对法官、法官助理、书记员审判业绩的自动汇聚、分析、测算、排名，方便办案人员清晰了解自身质效的优势与短板、对标找差，充分发挥审判绩效考核体系的导向作用。

2. 记录节点信息规范司法行为

案件信息管理、案件质效评估、案件质量评查、审判流程管理、审判态势分析、审判绩效考核以及审委会事务管理等各个业务板块所需要的信息，其实都要依托全流程数字化诉讼动态汇聚和持续积累。通过与信息技术公司进行深度合作，盐田法院建立创新性司法信息管控机制以及设立创新性司法信息处理流程，致力于实现审判执行办案规则与程序的标准化，实现案件办理及过问干预全程留痕。只有标准化规则，才能提升司法效率；只有标准化流程，才能为可量化审判管理提供前提。

实行数字化办案以来，全部审判行为都会在网上留痕，通过对留痕数据的实时抓取和统计，相关审判数据能够以同比、环比及相关走势图的方式予以展示；办案人员使用系统、阅卷、开庭、文书流转等情况能够进行实时追踪反馈，各类工作耗时、各类人员的各种业务情况可以通过系统进行可视化展示，一目了然。可以说，数字化办案的实行使得审判数据可视化、审判管理透明化、态势研判科学化水到渠成地得以实现。

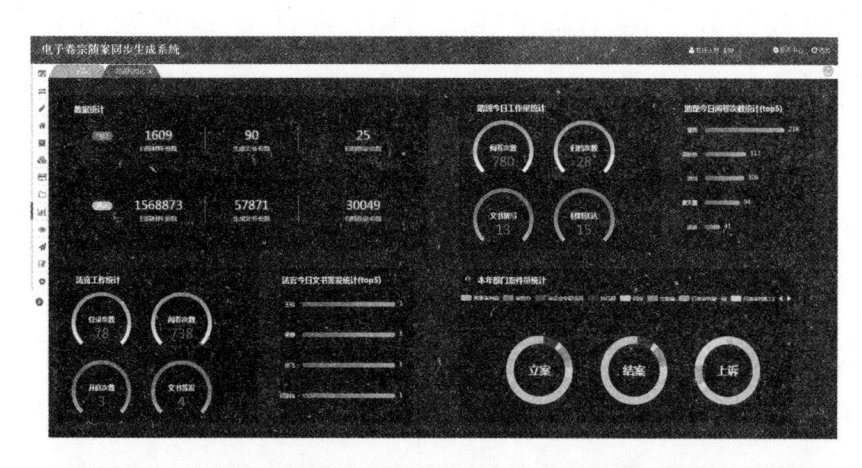

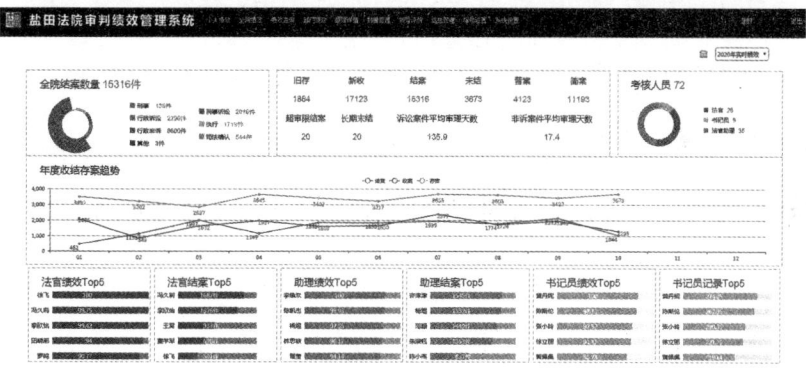

图 5-1　电子卷宗随案同步生成系统

3. 事后管理转向事前主动管理

在传统审判管理模式中，在审判过程监督、审判效果评估、审判业务考核等方面客观上确实缺乏有效的手段来具体实施监督、评估及考核，实际工作效果难达预期。在信息技术革命背景中，信息化与智能化司法机制创新，为持续提升司法活动及审判活动规范化水平提供了契机与条件。盐田法院实行全流程数字化，实现审判执行全程留痕，这就为精准支持电子卷宗信息公开、网上监督和案件质量评查等审判监督管理创造了条件。司法在阳光下运行，能够高效服务廉洁司法，确保司法规范公正。由于基础坚实，办案平台所具备的动态监管、数据研判、决策参考等功能，让智慧法院的强大功能得以充分彰显。具体而言，实现了三个转变：一是从事后转为事前，即基于司法信息化机制与信息管理流程，审判管理者有能力在审判活动不规范之处发生之时就进行及时预警与干预，从而实现审判事前与事中管理；二是从被动转为主动，即通过细化审判流程节点与司法时限管控，能够将审判管理行为及时嵌入审判活动流程之中，便于监督者主动进行科学管控；三是从人工为收集转为自动留痕，即所有的审判活动与审判行为均能够在司法信息网络之中留下痕迹，为后期的考核、评估与追责构筑了基础。

4. 海量数据分析辅助司法决策

在智慧法院建设实践过程中，盐田法院注重建立相关数据库和知识库，对海量司法数据进行甄别、分类、结构化处理与存储，将其按照一定的逻辑设定充实到知识库中。信息时代，海量信息难免具有过载化的倾向，对于相关信息的管理和控制就显得尤为重要，而并非就是"一搜一存"便万事大吉。盐田法院十分重视深度学习、大数据算法等在审判执行工作中的深度应用，深挖法律知识资源潜力，提高海量案件案情理解深度学习能力，充分利用大数据平台和分析技术，在宏观上通过数据观察趋势总结规律，在微观上对案件数据质量进行分析与研判，及时发现审判执行与案件流程管理中出现的疏漏与问题，总结司法活动经验，不断优化司法运行模式。主动与行政机关、司法公开四大平台，以及微信、短信、邮政快递等共享数据、关联计算，准确研判审判执行态势、经济社会矛盾风险，使这些信息不仅对司法管理和业务分析，还能对纠纷化解和基层社会治理发挥有益的指引作用。

六 以智促效 提升智慧法院效能

智慧法院既要注重建设,也要重视应用,更要发挥出效能。"互联网时代,通过信息技术革新和司法体制改革的共同推动,中国司法有效实现了诉讼流程重构、诉讼规则完善和司法模式变革,人民群众获得了更加公平公正、公开透明、高效便捷、普惠均等的司法服务,中国法院司法能力、质量、效率和公信力得到全面提升。"盐田智慧法院建设注重观测和提升司法的效率、效益和效果,努力实现将智能和"智慧"转化为司法效能。

(一) 长效发展

1. 科学筹划因地制宜

在缺少成熟先例的情况下先行先试,就必须格外注重立足全局进行系统思考和统筹谋划,一方面智慧法院建设要与司法改革有机融合、相辅相成，确保司法改革成果落地起效，同时必须尊重和体现司法规律，确保建设接受制度拘束，始终在法治轨道上运行。盐田智慧法院建设始终坚持对标上级与基层探索相结合，坚持高标准建设，攻坚方向明确。盐田法院对照最高人民法院《智慧法院建设评价指标体系（2019年版）》40项基层法院评价指标逐一推进各项措施落实，按照上级法院关于建设智慧法院的部署，确保信息化项目符合上级规划要求。同时能够充分调动和发挥地方改革创新精神，准确把握和结合基层法院工作特点，将智慧法院体系化建设的顶层设计与地方探索相结合，既保证建设工作能够按照部署有条不紊扎实落地，又能够因地制宜从自身实际出发，找准着力点和优势项目，打造具有盐田特色的基层智慧法院，少走弯路，避免了建设的重复、无序和盲目。

2. 以人为本主动激励

司法审判是人民法院的中心职能，智慧法院致力于推动实现的司法现代化，是在波澜壮阔的时代背景下，在新的技术限制条件被打开的情况下，从人民法院的职责和使命出发，不断地、持续地回应人民对公平正义的需要。因此，在智慧法院建设过程中必须以始终紧扣"以审判为中心"的主线，以是否落实和促进司法为民作为评价建设效果的核心标准。盐田法院始终坚持以审判为中心、以法官需求为本位开展智慧法院建设,创造性地采用法官需求主导的 JEC 模式进行系统和项目研发。这样的建设思路有利于最大限度地满足司法工作需求,减轻法官负累,提高审判质效,能够发挥多方合作优势,充分整合资源,有效保障项目建成后的实际应用效果,让智慧法院的建设实用、管用、好用。

3. 及时反馈多维评估

在过去很长一段时间里,基层人民法院"案多人少",基础设施落后等问题一直制约着司法权的有效行使。随着信息化建设在基层法院获得快速发展,各地司法机关均显著改善了软、硬件设施,司法实践工作产生了一些明显变化。智慧法院建设走深走实长效发展,要注重量化评估,科学测量和提升司法的效率、效益和效果,及时反馈研判调整思路,避免为建设而建设,盲目浪费资源。努力实现合理配置各种司法资源,确保把最有效的、最精良的司法资源用在最需要的地方,将法院信息化的数字智慧转化为司法治理效能。

(二)效率提升

1. 实质提升办案效率

司法效率反映了法律通过司法手段对社会关系实

行调节的程度，司法效率高低是一个现代国家法治化程度高低的重要标志之一。司法效率的实现有赖于从程序到实体、从机制到体制的一系列环节的改革与完善，同时大幅降低当事人和社会的诉讼成本，"信息化""数据化""智能化"，作为"智慧化"的支撑，必须始终着眼于经济社会运行效率的全面提升，而不是单纯以财物投入衡量成本与收益。开展智慧法院建设以来，盐田法院的审判效率明显提升，以机制变革进一步激发了科技优势，以资源优化进一步提升了程序效能。截至目前，盐田法院已完成了对所有法庭的高清数字化升级改造，实现庭审录音录像、语音转写、网络直播功能全覆盖。为办案人员配备智能设备，为所有一线法官配备语音转写、手写签名、移动办公等智能设备，为所有法官、法官助理、书记员配备宽屏电脑满足无纸化办案需要。建成看守所远程视频法庭及系统并常态化使用，2019年以来82.1%的简易、速裁刑事案件通过远程视频方式庭审、宣判。高标准建成执行指挥中心，执行指挥中心远程指挥、执行联动、值班巡查、视频会议等信息化功能不断健全。

2. 辅助事务集约剥离

审判业务开展应是法院司法活动的核心，但在传统司法运行过程中，一线办案人员工作负担较重。以盐田法院为例，实行行政案件集中管辖后，案件成倍增加，单纯增加人力也很难应对案件量持续增长。对于很多非审判性事务也要投入人力来加以应对，从某种角度来说，这也是一种人力资源的浪费。尤其是对于那些业务素质较高、法律功底较好的一线审判办案人员，应该最大限度地确保其将主要精力放在审判业务方面。通过人工智能、大数据等技术手段或方式替代司法过程中大量重复性、辅助性工作，就可以把信息技术实在地转化为一种司法能力。化解"案多人少"的压力。

为适应全流程数字化新型审判业态要求，进一步优化资源配置，盐田法院制定《审判辅助人员工作职责暂行规定》，合理划分司法辅助人员岗位职能，严格落实司法责任制，进一步细化人员分类管理标准及要求，旨在让法官从繁杂的审判辅助事务中解放出来，提升审判辅助工作质效。这项改革将经常性审判辅助性事务划分为实体性辅助事务和程序性辅助事务，实体性辅助事务主要包括组织庭前会议调解，与当事人沟通，辅助撰写文书，采取执行措施等。程序性辅助事务，主要包括信息录入，排期送达跟踪记录等。程序性辅助事务由集中到诉讼服务中心的书记员负责，在具体业务方面服从案件承办法官和法官助理的指导和安排。不同性质的辅助性事务由不同的人员处理，改变了案件单线流转模式。

盐田法院还设立"3+3+2"集约服务中心，对立案后至开庭前的材料收转、排期、送达3项事务，案件审理过程中的庭审记录、保全、鉴定3项事务，以及结案后的归档、上诉2项事务全部试行统一集约处理。在诉讼服务中心设立集约送达组，根据需要集约的案件类型测算工作量，安排专人进行排期并完成送达事务，形成标准化送达报告后，再移交审判业务部门对案件进行实体处理，审判业务部门法官助理不再负责案件排期及送达事务等辅助性事务，减轻法官助理审判辅助事务工作量。将审判辅助事务从审判部门剥离后集约化办理，能够减少中间流转环节，切实保障网上办案闭环高效衔接，提高程序效能。

3. 团队建设结构重组

针对数字化办案带来的传统岗位职责的转变，盐田法院改变"法官—法官助理—书记员"的单一团队配置模式，将经常性审判辅助事务划分为核心辅助事务和非核心辅助事务，分别采取不同的团队配置模式。核心辅助事务主要包括组织庭前会议、调解、与当事人沟通、辅助撰写文书、采取执行措施等，由"法官—法官助理"团队办理，分属各审判执行部门管理；非核心辅助事务主要包括信息录入、排期送达、跟庭记录等，由"法官—书记员"团队办理，由集约服务中心管理。两种团队在各自环节各司其职，实现审判核心事务与辅助事务科学分道、高效办理，通过优化团队结构，实行人员重组实现司法生产力倍增。

（三）效益可观

1. 效益评估的意义

正义是一种工具性概念，它不是目的本身。人类社会需要靠正义来维持运作、创造价值，因此，在不同的社会发展阶段，正义被赋予不同的内涵。正义并非无价，相反，正义不仅有价，而且其成本可以测算、度量和优化。[①] 在司法过程中，也存在司法成本和司法收益的测算，司法机关和当事人都要投入一定的人、财、物和时间，追求通过公正司法迅速有效地解决矛

---

① 在原始社会，正义是人类生存的必需品，但由于资源的极度匮乏，原始社会只能以最小的成本，来实现最低限度的正义。到了传统社会，正义的内涵已经渗入了效率的成分。而进入现代工商业社会后，效率变得更加重要，成为衡量正义的主要依据。法律经济学里有一个重要原则，也就是"社会财富最大化"原则，以及由此推出的"社会成本最小化"原则。这种观点认为应该从社会整体效益的角度评估。法律应该支持对社会资源运用效率最高的那种方式。一方面，对正义的追求需要社会付出相应的资源，在资源约束条件下，只能实现有限正义；另一方面，在经济活动占主导的现代社会，经济效率成为衡量正义的重要依据。人类社会的公平观来自对社会整体效率的考量，只要社会效率的计算发生长远而显著的变化，社会的公平观念就会随之变化。因此，有效率的才是公平的。

盾纠纷，其解决纠纷的数量和质量可以被认为是实现的司法效果或司法收益。以最少的资源消耗，获得最大的司法治理功效，是现代司法的一个重要价值和追求。"信息化""数据化""智能化"，作为"智慧化"的支撑，必须始终着眼于经济社会运行效率的全面提升。否则，只是盲目地为了"信息化"而"信息化"，为了"数据化"而"数据化"，为了"智能化"而"智能化"，就偏离了提升效率的价值追求。

借用优化投入产出比这一现代管理的基本理念，注重和评估智慧法院建设的效益，就是要测量和优化其成本与收益关系。司法效率的实现有赖于从程序到体制的一系列环节的改革与完善，同时大大降低当事人和社会的诉讼成本。相应的，成本概念其实并非"多少钱"可以简单衡量，同样具有深不可测、变动不居的含义。① 因此，即便全流程数字化办案初始投入

---

① 历史上诸多著名经济学家，如弗兰克·奈特（Frank Knight）、罗纳德·科斯（Ronald H. Coase）、阿尔钦（Armen Alchian）、詹姆斯·布坎南（James M. Buchanan）、戈登·图洛克（Gordon Tullock）等，他们都充分挖掘了对于"成本"内涵的想象空间，把我们对世界的理解拓宽到前所未有的领域。成本概念可以从具体到抽象、从个体到群体、从静态到动态去发展，而这个变化过程，也就形成了一系列不同的成本概念，包括普通的成本、会计的成本、交易的成本、制度的成本以及制度变迁的成本。但是，不论成本的概念如何千变万化，深邃复杂，它最底层的基石仍然是著名经济学家阿尔钦（Armen Alchian）提出的：成本就是放弃了的最大代价。意味着做一个选择，你放弃的是所有其他选项当中价值最高的那个选项。选项是选项的成本，选项与选项互为成本。

的货币成本比较高，但它给司法带来的便利，使得司法的全部成本变得更低了。智慧法院的建设，就是要努力实现合理配置各种司法资源，确保把最有效的、最精良的司法资源用在最需要的地方。

2. 测算维度和结果

盐田智慧法院建设的基础是全流程数字化办案，要确保智慧法院建设的效果、可持续性、可推广性，离不开对全流程数字化办案效能的考察，可以用"成本—收益—效率"作为基本分析工具，从以下维度考量和测算。

（1）诉讼材料数字化加工成本合理可控

盐田法院设立诉讼材料扫描中心，集中扫描当事人提交的纸质材料和办案人员在诉讼系统之外形成的纸质材料，并将部分扫描材料转换为符合深度应用的文本格式，扫描中心的设备、人员采取服务外包等方式解决。诉讼材料的数字化加工成本合理可控。

经统计，盐田法院的案件归档时，案件的诉讼材料平均120页/宗，由于盐田法院已实行全流程网上办案，40%的案件材料是通过系统生成自动导入电子卷宗系统，每宗案件需要扫描的材料为60%，即72页/宗，经过公开招投标，中标公司报价的扫描成本为每页0.45元（含设备和人工）。

每本案卷的扫描成本：120 页/宗 × 60% × 0.45 页/元 = 32.4 元。

以盐田法院 2018 年扫描的案件量 15000 宗（含存量案件）为例，年度诉讼材料数字化成本为：15000 宗 × 120 页/宗 × 60% × 0.45 页/元 = 486000 元。

其实，各地法院每宗案件的数字化成本主要受两个因素影响，一是与当地人员的工资水平密切相关，当地人员工资水平越高，扫描的成本就会相应提高。二是扫描的技术水平，技术水平越先进，扫描速度越高，单位时间内扫描的数量越多，扫描的成本就可以降低。

经统计，2018 年，深圳市印刷和记录媒介复制业从业人员总体人均支出为 9738 元/月，但扫描从业人员平均为 7113 元/月，相当于该行业总体平均工资待遇水平的 73%。

盐田法院实行诉讼材料集中扫描之后，经过系统的不断改进、扫描技术的提高，人员培训和提高效率，扫描人员工作量约为 700 页/天/人。

每人每月可扫描材料页数为：700 页/天/人 × 22 天 = 15400 页（每月按 22 个工作日计算）。每人每月扫描案件宗数：15400 页/66 页 = 233 宗，每宗案件的平均人力成本为：7113 元/月/233 宗 = 30.5 元/宗。

可见，考虑到扫描公司的设备耗材和管理成本

（占比10%左右），盐田法院现在每宗案件扫描成本32.4元是比较合理的。

考虑到地区经济发展不均衡导致的收入差异，经过与平均工资的折算，根据前述成本计算思路，其他地区每年诉讼材料的数字化成本可以用下述公式测算。

公式1 每页材料扫描人力成本：

$$\frac{当地印刷复制业从业人员月平均工资 \times 73\%}{每人每月扫描材料页数}$$

公式2 每宗案件扫描人力成本：每宗案卷页数×60%×每页扫描成本

公式3 每宗案件扫描成本：人力成本+设备和管理成本（10%）

公式4 年扫描总成本：年案件量×每宗案件成本

如果考虑到按照《最高人民法院关于全面推进人民法院电子卷宗随案同步生成和深度应用的指导意见》，实行数字化办案集中扫描之前，也要求档案室对纸质案卷进行集中扫描归档，数字化将事后扫描转变为事前扫描并进行信息化深度应用，可以发现，此前事后扫描的费用，基本可以折抵现在诉讼材料数字化的成本，而数字化办案的效能却得到了指数级的增加，以极低的数字化成本获取了相当可观且不断增加的收益。

（2）大幅节约时间成本

第一，自动生成各类程序性文书节约的时间。

一位助理制作、流转、审批、盖章全过程要 10 分钟，而通过数字化系统设计好流程之后，自动生成文书＋自动盖章（防篡改），只要不到 2 分钟，一份文书就可以节约 8 分钟，一个案件程序性文书平均大概 20 份（一个案件 90% 以上都是程序性文书），一个案件可节约 80 分钟，计 1.3 个工时。例如 2018 年共 12690 件案件，计 253800 份文书，共节约了 33840 工时，相当于 1410 个工作日。

公式 5 文书制作节约的时间：20 份 × 30 分钟 × 案件量

第二，电子送达节约的时间。

数字化之前单个案件的送达时间为 60 分钟 × 平均送达次数 3 次 ＝ 3 小时。数字化之后的平均时间为 10 分钟，个案节约时间为 160 分钟左右。

经统计，盐田法院年收案量为：2018 年 12690 件，2019 年截至 11 月 24 日收案 17227 件，正常一个案件平均要送达 3 次，年送达量 42000 次，70% 左右的案件可以实现电子送达（邮箱、E 送达）（由于盐田法院为行政案件集中管辖法院，行政案件较多，送达难的问题相对不突出）。

经测算，盐田法院每年因电子送达节约的时间成本为：

公式 6 案件总数 × 节约的时间/宗 ＝ 节约的总工时

第三，电子归档节约的时间。

数字化之前法官助理整卷、归档、补充材料、签字的总时长为60分钟。数字化之后，同步生成＋一键归档＋简单的比对核实：耗时为10分钟。个案可以节约50分钟。

经测算，盐田法院每年因电子送达节约的时间成本为：

公式7 案件总数×节约的时间＝节约的总工时

第四，立案信息录入节约的时间。

数字化之前每宗案件立案信息录入的总时长为15分钟。数字化之后自动填写＋人工校验时长为3分钟。个案可以节约12分钟。

经测算，盐田法院每年因立案信息自动录入节约的时间成本为：

公式8 案件总数×节约的时间＝节约的总工时

以2018年盐田法院为例，节约的总工时为：17227件×12分钟＝206724分钟＝3445个工时。

第五，裁判文书撰写节约的时间。

裁判文书撰写因繁案简案有所区分，繁案的时间变化不明显。

盐田法院每年因裁判文书撰写智能辅助节约的时间成本为：

公式9 案件总数×节约的时间＝节约的总工时

自动生成各类程序性文书　　　　397242余份
节约工时约107818小时

完成电子化送达　　　　40097余次
节约工时约15659小时

电子归档　　　　29384宗
节约工时约9127小时

图6-1　实行数字化办案后节约各类工时示意图

（3）效益效能明显提升

盐田法院依托省院综合业务系统，与"法智云端"网上行政诉讼服务平台、数据可视化系统、审判绩效管理系统等多个系统实现对接，数字管理效能日渐提升。2018年5月，实行全流程数字化办案以来，立案38477宗，无纸化流转38477宗，电子卷宗归档23746宗，电子送达31819人次，节约工时约48900小时。如今，盐田法院的信息化应用已实现六个100%：除涉密文件外的其他政务文件可100%无纸化处理、简单法律文书可100%自动生成、电子卷宗可100%随案同步生成、司法统计数据可100%自动生成、庭审过程可100%同步录音录像并网络直播、办案过程可100%全程留痕。自2019年启动审判流程优化工程以来，盐田法院原由法官助理承担的事务性工作减少了56%，原由49名法官助理负责的程序性事务性工作减少为由8名书记员负担；在未增加工作人员的情况下，月均结案数同比提升41%，法官人均结案数同比提升26%。

盐田智慧法院建设对司法效益的提升还可以从以下维度进行评估测算。

维度1：在案件量不变的情况下，实行全流程数字化办案后，同样的案件，法官助理的人数可减少30%。同理，可以大幅提升法官助理的核心业务工作时间，在办案数量增加的情况下，使其得以有效辅助法官办案，明显提高审判执行业务的质量。

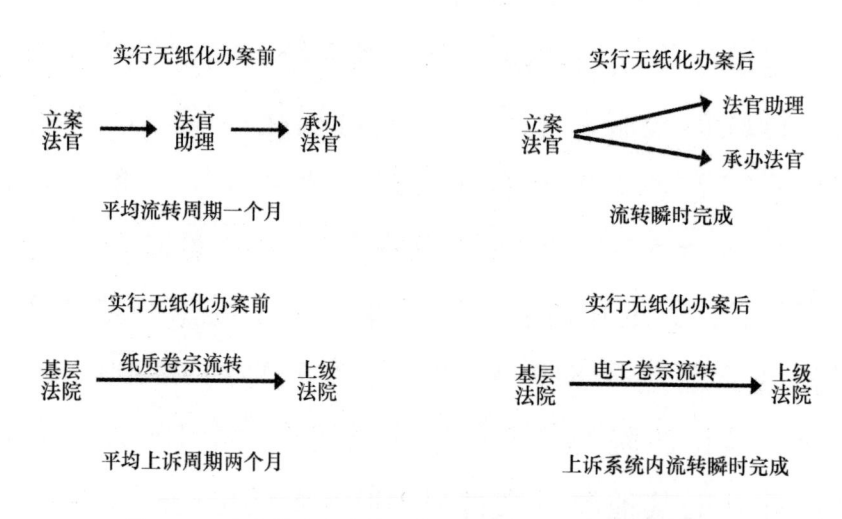

实行无纸化办案前　　　　　　　　实行无纸化办案后

立案法官 → 法官助理 → 承办法官　　　　立案法官 → 法官助理／承办法官

平均流转周期一个月　　　　　　　流转瞬时完成

实行无纸化办案前　　　　　　　　实行无纸化办案后

基层法院 ——纸质卷宗流转→ 上级法院　　基层法院 ——电子卷宗流转→ 上级法院

平均上诉周期两个月　　　　　　　上诉系统内流转瞬时完成

图6-2　实行数字化办案后案件流转周期、上诉周期对比

维度2：随着社会发展，每年新增案件不断增加，以2019年为例，盐田法院新增的4537件案件，按照每年人均办案量300件的标准测算，本来需要增加大

约 15 名法官、22 名法官助理才能消化。而通过全流程数字化办案，在不增加人数的情况下同样能够很好地完成全年审判工作。反之，可以证明实行全流程数字化办案，能够令审判团队多办 50% 左右的案件。全流程数字化办案极大地提高了司法生产力，将法官和法官助理从大量简单重复的辅助性事务中解放出来，从而聚焦于审判执行核心业务，提升了办案质效。

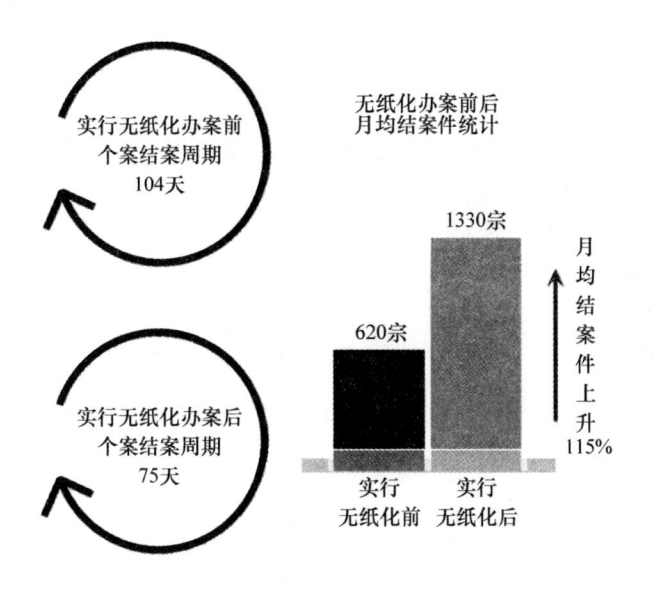

图 6-3　实行数字化办案后结案效率对比

七 智慧法院建设的鼎新之道

智慧法院建设的终极目标是通过借助现代信息网络技术，解决长期以来制约司法审判工作中的瓶颈性、制约性、失范性难题，建立健全更加公正、高效、权威的社会主义司法制度，这是由智慧法院的基因决定的。综观当前司法运行总体状况及司法体制改革发展阶段，智慧法院建设推进在实践中如火如荼，在理论研讨中百家争鸣，进步不可谓不大、成绩不可谓不彰，但困惑亦不可谓不多、困难亦不可谓不艰。时至今日，在智慧法院建设步入新阶段，全面总结地方经验、继往开来的时刻，格外需要对基层智慧法院建设的经验进行分析总结和提炼，进而树立鼎新之方向、策略与思路，为全国智慧法院建设攻坚克难，向纵深发展提供有益方案，从而探寻智慧法院建设的鼎新之道。

（一）智慧法院转型升级的发展方向

1. 进一步发挥党委领导的核心作用

坚持和巩固、完善和发展党的领导制度，是党和国家的根本所在、命脉所在，是全国各族人民的利益所在、幸福所在。在中国特色社会主义制度优势当中，中国共产党的领导是最大的制度优势，决定着其他各项制度优势的存在和发展。[①] 党的十八大以来，人民法院审判体系和审判能力的现代化水平得到了很大提升，党的十九大开启了司法现代化的新征程。在习近平总书记全面依法治国新理念新思想新战略指引下，中国智慧法院建设取得举世瞩目的成就。数字信息社会的全面到来引发社会治理重大变革，以"全面覆盖、移动互联、跨界融合、深度应用、透明便民、安全可控"为目标的智慧法院建设是落实"四个全面"战略布局和五大发展理念的必然要求，是国家信息化发展战略的重要内容，是人民法院适应信息化时代新趋势、满足人民群众新期待的重要举措。在新时代，智慧法院建设要不断深化对"中国共产党领导是中国特色社会主义最本质的特征""中国共产党领导是中国特色社

---

① 张文显：《国家制度建设和国家治理现代化的五个核心命题》，载《法制与社会发展》2020年第1期。

会主义制度的最大优势""中国共产党是最高政治领导力量"三个理论命题和政治命题的认识,健全党的全面领导制度,确保党在各种组织中发挥领导作用,深化司法改革和智慧法院建设,促进审判体系和审判能力现代化。

深圳高举新时代改革开放旗帜,全力建设充满魅力、动力、活力、创新力的国际化创新型城市,建设中国特色社会主义先行示范区,在更高起点、更高层次、更高目标上推进改革开放。智慧法院建设是特区全面深化改革中的重要一环,各项建设在推进过程中要进一步突出政治引领,全面贯彻党的十九大和十九届二中、三中、四中全会精神,深入贯彻习近平总书记对广东、深圳工作的重要讲话和指示批示精神,抢抓"双区驱动"重大历史机遇,实施粤港澳大湾区战略,坚持党委集中统一领导,作出创新性制度设计和安排,建设世界一流的专业型、创新型、智慧型现代化法院,把党的领导优势转化为国家制度优势和治理效能,开辟中国特色社会主义伟大事业新局面。

2. 顶层设计充分考虑系统科学有效

智慧法院是中国特色社会主义智慧法治建设的重要组成部分,是人民司法事业重大战略转型的创举。全流程数字化办案是智慧法院建设的主要载体,是打通法院信息化建设"最后一公里"的关键步骤。身处智慧法院下一轮建设升级的关口，要以更开阔的视野、更具科学性和可操作性的举措、更加体系化的布局进行顶层设计，就必须首先对地方经验进行整合，先自下而上总结地方试点的实践经验，再提炼总结整合形成具有可操作性的模式，自上而下向全国推广。

法律科技生态圈的构建是未来法律科技发展的大势所趋，因此，更加开放兼容、系统衔接、便民友好的顶层设计是法律科技、智慧司法良性发展的前提和基础。就智慧法院建设而言，顶层设计必须考虑系统性和配套性，推动人工智能、大数据等技术的应用的同时，为各级法院建设智慧法院搭建统一的平台，实现四级法院之间的联通，为不同程序、业务和流程节点开放必要的数据端口，同时推动各级法院的数字化转型与风险防范，真正实现全国智慧法院一盘棋、一张网、一个平台、百花齐放。

同时应当注意的是，信息和数字技术在司法中应用已经并将继续提升司法效率，改善司法绩效，提高司法便民的程度，但技术具有初始设定的锁定性和后续发展的难以逆转性，如果法律人不从一开始就参与法律技术的底层设计，参与打造体现司法正义价值的数字基础设施和算法，那么未来的已然成型的技术化司法就将是难以被人类、至少难以被法律人所控制的司法。① 盐田法院智慧法院建设采取的JEC模式以其充分的前瞻性和科学性被证实是智慧法院建设的成功范式，未来可以在全国进一步推广。智慧法院建设的顶层设计应在大数据基础设施更加完备的基础上，完成法院主导的司法大数据分析、加工和提炼，打造精品式的法律专家系统，信息技术的司法应用要充分考虑司法的属性，而不是越先进的技术越好，应更加注重将法官从简单重复的非判断性工作中解放出来，从而能够专注于司法判断工作。智慧法院建设是国家治理能力现代化的重要组成部分，应当在更广阔的视野中，以更深远的考量，致力于实现司法数据、司法科技与政务数据、检务数据、公安数据、智慧城市数据等公共服务数据的对接与共享，使我国的国家治理和社会治理实现全面数字化。

3. 注重发挥人大的监督机制和功能

民主集中制既是党的组织制度和领导制度的根本原则，也是中国特色社会主义国家制度的根本原则。人民代表大会制度集中体现了党的领导、人民当家做主、依法治国有机统一的本质特征，彰显出充分反映民意、广泛集中民智、有效集中共识、形成强大合力、

---

① 郑戈：《司法科技的协调与整合》，载《法律适用》2020年第1期。

集中力量办大事的制度优势。智慧法院建设旨在不断增强人民法院的司法能力，要想全面实现权威、公正、高效、廉洁司法，就不得不高度重视发挥人大的监督机制和功能。智慧法院建设需要站在全面从严治党、全面依法治国的高度，加强反腐外部监督力度，畅通人大和政协的监督渠道，开通人大代表、政协委员网络沟通平台，便于人大代表和政协委员及时了解、参与人民法院有关工作，并随时提出有关工作意见和建议，切实做到举报必追查、追查必有果，确保司法透明。坚持制度建设和科技创新双管齐下，通过大数据融合分析，实现权利有效监督机制，及时进行风险预警，铸牢"制度铁笼"和"数据铁笼"，坚决防范司法腐败，促进司法廉洁。

4. 科学研判技术、制度和法律风险

任何新事物的发展都要符合特定的时空条件，技术发展决定着智慧法院建设的外部限制性条件，每一次技术上的突破，都使智慧法院建设的行进地图更加清晰。"人类的司法文明经过数千年的复杂演进，已经形成了一整套以审判和法庭为中心的相对稳定且保守的司法体系，而现代科技的发展正在打破这一整套为我们所熟知的司法制度，同时也挑战着我们习以为常

的观念基础。"① 智慧法院建设要深刻认清自己所处的历史方位，只有深刻理解智慧法院建设每个阶段对新工具、新流程、新规则的需求，开发和匹配最适合的技术，使科技理性、工具理性服务于价值理性。盐田法院对基层智慧法院建设的时空要素和自身实际认识比较到位，深植于中国司法审判一线的土壤，切实回应解决人民法院转型升级中的痛点和难点，科学筹划、主线清晰、重点突出，紧紧把握住智慧法院建设顶层设计、专业引领、技术支持和后勤保障，科学研判技术、制度和法律风险，为新时代智慧法院建设的持续升级保驾护航，稳步走上智慧法院的"基础坚实、融合贯通、交互运智、以智促效"的特色之路，进阶之路，确保智慧法院建设的先进性、科学性和人民性，以技术为工具为司法现代化赋能。

5. 主动涵育数字智能时代司法文明

司法文明，是由人类建立的特定国家机关在长期处理各类案件的过程中所创造的法律文化及其各种表现形式的总和，其水平高低反映了特定社会法律文化和法律运行的制度化、规范化和程序化的水平。网络和通信技术的迅猛发展为中国审判方式创新和司法体

---

① 胡铭、王凌皞：《现代科技引入司法的十大核心问题》，载《中国社会科学报》2019年10月16日第5版。

制改革提供了重要的杠杆和机遇。依托中国互联网应用优势，互联网司法技术能力不断提升，各类在线司法平台日益完善，专业型、复合型互联网司法人才队伍建设得以强化，构建适应互联网时代发展的司法体系，走出了一条植根中国土壤、引领世界发展的互联网司法新路子，为实现新时代的"数字正义"创造了机遇和条件。

在智慧法院建设推进中，我们需要培育的是一种"智慧司法文化"。这种司法文化的"智慧化"至少应实现三个方面的要求。一是这种司法文化一定汲取了信息哲学的有益养分。信息哲学，是对现代信息科学的一般理论成果进行的哲学概括，具体包括信息本体论、信息认识论、信息方法论、信息世界进化、信息进化与物质进化、信息与社会进化、全息现象、演化和全息现象等内容。其中已经达成共识的基本原理应该积极引入智慧司法文化之中，滋养智慧司法文化不断成长成熟。二是这种司法文化倡导的是司法与技术的有机融合，以价值创造为依归，不断提升自身的境界。三是这种司法文化追求的是充分满足人民群众在新时代的新期待和新要求。待智慧司法文化逐渐成型与成熟后，就未来发展方向而言，要引领智慧司法文化逐步走向智慧司法文明。

法院对现代信息科技的深度应用必定"会深刻改

变法院传统的组织结构和管理能力，冲击现有的诉讼架构和流程，重塑法律人及社会公众的法律理念、司法情感、行为决策及结果预判模式，甚至会影响法院在国家权力架构中的地位和功能"[①]。人民法院行使审判权的过程，具有特殊性，必须遵从客观司法规律。建设"智慧法院"，不是人民法院的信息通信技术的普及和升级史，而是主动在司法过程中引入和融合现代信息技术，让技术优势服务于司法规律，使其成为司法规律正确发挥作用的手段与途径，让人民群众通过智慧司法获得更高水平的公平正义，绝不能本末倒置、因果颠倒。

（二）未来建设的思路与建议

党的十九届四中全会通过的《中共中央关于坚持和完善中国特色社会主义制度、推进国家治理体系和治理能力现代化若干重大问题的决定》对如何"彰显制度优势、坚持守正创新"提出了新的更高要求。对人民法院来说，如何从更高层次、更大格局上践行"寻找事实，寻找法律"，以全面深化智慧法院建设推动实现更高水平的公平正义，也面临新的任务和挑战。

---

① 徐俊：《智慧法院的法理审思》，载《法学》2017年第3期。

1. 消除系统的内外部关系壁垒

《人民法院信息化建设五年发展规划（2019—2023）》指出："基于神经网络、深度学习等前沿人工智能技术在功能开发中应用程度不高，尚不能为群众诉讼、公众普法，司法资源调配、社会管理和公共服务提供全方位、高水平的智能分析服务，司法大数据资源的效用远未发挥充分。"这很大程度上不是由于技术研发落后或技术水平不够先进，而是由于整个办案流程中的数据无法实现整合。

当前，中国裁判文书网、中国审判流程信息公开网、中国执行信息公开网、中国庭审公开网四大司法公开平台，已经作为司法大数据平台为进一步大数据分析和人工智能发展奠定基础，无论法官、检察官还是律师大多已经习惯用电脑来完成文书写作，如果各部门仍然要求提交和保留纸质材料，实行纸质材料和二次扫描的电子材料同时流转，就不仅会造成很大的资源浪费增加司法成本，而且容易造成数据壁垒，使数据无法有效整合。因此，建设智慧法院需要从顶层设计层面加强信息系统集成和总体设计，打通信息孤岛和数据壁垒，实现司法信息数据的纵向与横向整合，消除系统的内外部关系壁垒，打造统一的司法信息平台。

2. 开放包容持续优化建设方案

我国各区域经济建设水平和司法治理水平存在差异较大，司法工作基础不同，司法惯例有所区别，同样是推动智慧法院建设，但客观来看基础和建设路径各有不同，整体上面临着"多期并存"的司法现实。对此，若能认识到这种情况，就能更加深刻地理解不同级别与区域人民法院智慧法院建设水平差异的原因及理想的建设节奏和方向。既不能拔苗助长，也不能求全责备。传统司法治理模式无疑是与工业社会相适应的，从司法机制到司法流程，均要服务于工业社会的经济生活。而在进入了信息化社会之后，司法机制与司法流程必然要与时俱进地进行全面调整，并逐步迈向智能化阶段。考察智慧法院建设现状，不难发现，整个法院系统还处于转型期，工业化、信息化和智能化的影响同时存在，博弈向前。

我国智慧法院建设的鼎新之道，就是要立足实际状况，遵循客观规律，通过各种建设途径，将上述不同时期、不同要求与不同阶段加以统筹，实现"多期"的转换与融合，最终推动共同发展。一方面，要正视现实，针对智慧法院建设的客观基础和发展可能，做到心中有数、研讨对策；另一方面，要明确方向，在总体层面把握好宏观、中观与微观的进路，针对如何在"前现代""现代"和"后现代"之间进行调和，如何推动"工业化""信息化"和"智能化"进程，如何实现法院信息化2.0版、3.0版和4.0版的不断升级，及时拿出办法采取行动。

运用智能技术时必须时刻遵循审慎创新的原则，合理调试新技术给司法传统带来的冲击，在"重构"与"维持""创新"与"传承"的多维张力之下逐步推动流程再造、功能协同和智能升级。① 坚持边研发、边应用、边完善的总体工作思路，保持具有创造性的想象力，追踪相关领域科学研究的不断进步，不断完善具有更强包容性的建设方案。

3. 深层次规则治理和制度构建

诉讼程序既是一种信息系统，也是一种沟通系统，因此，当事人的陈述、说明、执行、完成、实施、意思表示、异议、辩论、告知等，辩论、争论、调解等，新兴的电子数据处理、电子信息和电子沟通，作为新的方式、手段和可能性，将更进一步拓展诉讼程序的空间。电子诉讼的本质是提供便捷、高效的司法产品满足当事人的诉讼预期，确保当事人得到公正的诉讼结果，且在审判过程中得到公正待遇。所以，外在程

---

① 周佑勇：《智能技术驱动下的诉讼服务问题及其应对之策》，载《东方法学》2019年第8期。

序和载体的改变必然涉及对信息系统和沟通系统的实质改变和创新，塑造电子诉讼的正当程序。[①] 传统司法正面临系统性的挑战，主动将技术为我所用，积极尝试，及时引入符合司法规律的新技术，进行"互联网+"司法的法院设置、管辖、受理、举证、开庭、质证、认证、裁判、执行等方面的探索，促进程序正义、实体正义的实现，精确把握审判权与诉权的系统配合，促进相关改革措施不断成熟。

当今，诉讼活动的数字化和在线化已经不存在技术上的困难，问题只存在于信息通信技术与诉讼程序在何种程度以及在多大范围上相结合。[②] 盐田法院利用行政案件管辖集中化、案件类型化、审理专业化的优势，审理了一批具有广泛社会影响力和推动规则树立的典型案件，积极通过个案确立和完善裁判规则，依法界定权力边界，规范行政行为，推进法治政府和法治社会建设，维护网络时代社会秩序，推动制度规则更加与时俱进。依托在线诉讼实践，逐步探索完善管辖、立案、庭审、送达、电子证据质证和认定、执行等程序机制，积极推动完善在线诉讼规则，通过深化审判实践推动法治规则确立，对智慧法院深层次规则

---

① 洪冬英：《司法如何面向"互联网+"与人工智能等技术革新》，载《法学》2018年第11期。

② 王福华：《电子诉讼制度构建的法律基础》，载《法学研究》2016年第6期。

治理和制度构建的贡献值得称道和借鉴。

4. 强化网络数据安全保障体系

强化网络安全保障。大力推动实施《人民法院信息安全保障总体建设方案》和《安全隔离与信息交换平台建设要求》，完善综合安全监管，通过对全网安全设备的集中统一监管，实现安全态势感知、预警告警、应急处置。

强化信息安全保障。充分运用先进的信息安全技术，提高广大干警的信息安全意识，完善信息安全保障机制，落实等级保护和分级保护要求，确保信息安全与信息化建设同步发展。

强化数据安全保障。发挥数字技术对法律发展的正面影响，积极改善立法，是现代国家保障互联网人权的重要任务。一方面，它应该以保护和促进合法使用信息及通信技术为前提；另一方面，国家应该保护数据信息，这意味着采取包括法律措施在内的多种措施来防止信息的非法访问、更改、破坏、封锁或复制，防止非法提供信息或非法发布，以及其他非法行为，确保受限访问信息的机密性。

强化技术安全保障。人工智能系统虽然强大，但是它所能建立的工作无法逃脱既有的经验，不能生产新的知识。由于这个局限性，导致对人工智能技术的不当使用可能会产生一些风险。如果完全依赖人工智能决策，可能会产生影响人类的决策，侵犯人的基本权利，或者对人造成身心伤害。例如微软对人工智能的开发工作就提出了"公平、安全可靠、保护用户隐私安全、包容性、透明性、负责任"的六大准则。人工智能和计算机在计算力、记忆力、经验力等方面均超过了人类。为了应对风险，要确保人工智能以人为本，要求人们必须积极参与人工智能的开发、部署和使用的每一个环节，监督人工智能的表现，对模型进行校准。

5. 加强对前沿问题的研究应用

科技创新与智慧法院建设相互融合。国家提倡加大对前沿技术研究的支持，引导地方和行业部门加大科技投入，重点解决促进审判体系和审判能力现代化发展中的重大科技问题，深入实施知识产权和技术标准战略，提升法院信息化产业竞争力。加强对前沿问题的研究应用，逐步形成科技创新驱动法院信息化建设的良好态势。

加强法律认知学习实现精准类案推送。纵观法律智能，也就是法律认知的进化历史，从头到尾都是以"类案"作为主线的。什么是类案，是一个十分核心也十分古老的问题。一定意义上也可以说，"类案类判"是法律科技要解决的终极问题。法律认知的发展目标,就是用人工智能去搭建一个具备自我学习能力的法律知识服务平台,这个平台可以通过法官、律师、当事人等各个主体提供相应的功能,不断在实际使用中去获得反馈,进行升级。

塑造知识中心。知识图谱是用来作为知识存储、知识检索、知识推理的基础技术。在数据存储方面,虽然法院行业已积累不同类型下的海量数据,但是不同数据类型被各自存储和维护。数据在物理上的孤立,导致资源浪费,并且数据无法被深度关联融合。智慧法院建设的突出问题是存在数据孤岛,不同数据类型和业务未能被充分融合。基于此现状,未来从基层法院的角度,应有意识地对标司法知识中心的建设目标,有针对性地积累、汇聚、处理数据,形成基层法院的司法知识库。一是针对底层技术对知识做加工处理。通过对多元数据进行融合处理,共同对上层应用提供知识辅助,为法律人各工作场景,即从立案到结案再到司法管理的全流程提供服务;二是增强数据利用。从个案开始,每个案件都基于"知识中心"的数据服务,形成个案知识流,个案知识流汇集到知识中心形成新知识储备,沉淀回知识中心,实现"知识循环",从而达到服务人民群众、服务审判执行、服务司法管理的目的。

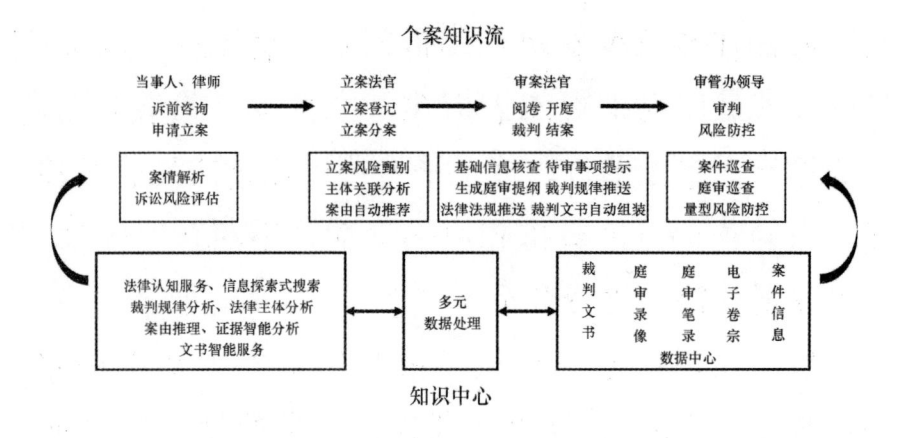

图 7-1 知识中心业务场景架构图

6. 建立外部专家独立评估机制

要切实改变"重建设、轻应用"的观念和局面，提升应用成效，就必须建立运行有效的应用成效评估、通报和改进机制并建设相应支撑系统，使应用成效的提升真正做到可视化、定量化、可评估、可考核。为科学评估智慧法院建设水平，最高人民法院已于2017年年底开展了首次全国智慧法院建设评价工作，并在此基础上，结合2017年评价结果和智慧法院建设中的重点难点问题，修订完善《智慧法院建设评价指标体系》。指标体系包括建设、应用、服务、管理、保障、成效6个方面的评价指标，面向全国法院逐年开展评估并滚动修订。将人民法院信息系统服务人民群众、服务审判执行、服务司法管理、服务廉洁司法的应用成效收集、分析和评估作为衡量信息化建设、改进信息系统的重要依据，使人民法院信息化应用成效持续提升、用户满意度不断提高，形成一套完善的效果评估、问题反馈、快速改进机制。

除了制定和完善信息化应用成效评价指标体系，还要特别注重研判和预防技术风险和系统风险，对新技术的应用以及智慧法院建设的整体质效进行第三方专家评估[①]。要逐步建立系统应用成效评估和改进机制，以人民群众、律师、当事人为主要服务对象，以服务及时性、服务满意度等为关注点，形成针对司法为民应用的成效评估机制；以法官为服务对象，以应用使用率、方便快捷度、业务支撑能力、系统智能化等为关注点，形成针对审判执行核心应用的成效评估机制；以各级领导和管理干部为服务对象，以数据应用效果、决策支持能力、管理业务协同融合能力等为关注点，形成针对司法管理应用的成效评估机制。以评促建，通过评估和结果反馈、问题分析和改进机制，持续提升智慧法院建设的整体效果。

（三）三个"共同"助力智慧法院转型升级

1. 以共同规则构建新型数字审判秩序

共同规则意味着先进的制度建设。制度建设与施

[①] 2016年4月12日，全国首部关于法院信息化的第三方评估报告《中国法院信息化第三方评估报告》在京由中国社会科学院法学研究所与中国社会科学出版社联合发布，首次对全国3512个法院的信息化建设情况进行了整体评估。

行在智慧法院建设推行具有非常重要的基础性意义，这从盐田法院的示范性做法及取得优异成果中便可见端倪。如前所述，智慧法院建设是一项系统工程和长期工程，没有一个制度体系来进行支撑和指引肯定无法有序、有力推进的。"智慧化"制度工具，至少应具有三个方面的特征：一是"智慧化"的制度工具必须具有系统性。因为智慧法院建设本身是一项系统工程，需要运用具有系统性的制度工具来整体推进与细节推进。虽然最高人民法院出台相关的政策与规定，但其仅是一种指引和导向，具体的制度体系还需要中级及基层法院自己来进行建构。二是"智慧化"的制度工具必须具有司法性，意即智慧法院建设相关制度工具在内容上与功能上不能仅仅局限于建设本身，而是要和现行的司法体系、司法流程及司法规律相互匹配、深度结合；三是"智慧化"的制度工具必须具有融合性，意即相关制度群必须和现有的前沿信息技术有机融合，失去了信息技术支持的智慧法院建设制度只会成为无源之水、无本之木。唯有这样"智慧化"的共同规则才能在更稳固的基础和更广阔的视野下构建起新型数字审判秩序。智慧法院建设在推进路径方面，既要充分明确"进路"，更要注重铺就"回路"，积极借鉴将信息化手段嵌入绩效管理的成熟经验，建构良性循环，兴利除弊、不断进步。

（1）增强回路——制造正反馈

在信息通信技术革命高歌猛进的时代环境下，放眼国内外，智慧法院建设并没有多少可供直接借鉴的经验或直接效仿的模式。从这个意义上讲，在整体推进智慧法院建设的过程中，一定要处理好"进路"与"回路"之间的关系。"进路"就是在启动步骤时选择的路径，而"回路"则是基于实践反馈而经调整后的路径。盐田法院注重科学评价法官办案工作量，推动形成良好的激励导向，制造正向反馈，从而建立了主动运用全流程数字化办案，人人参与智慧法院建设的增强回路，实现了全院干警对智慧法院从陌生到熟悉、从被动适应到主动参与，从使用者到设计者和评价者的转变，为智慧法院的升级迭代提供了内在驱动力。

（2）调节回路——应对负反馈

对于在推进智慧法院建设过程中出现的失误或效果不佳的尝试，更应加以充分关注和高度重视，积极应对负反馈。在理论上，制造正反馈加上应对负反馈，一正一负，就可以将智慧法院建设的实际推进情况进行全面掌握及有效掌控。然而，在相关司法实践中，法院系统内能看到的更多是正反馈，而负反馈的情况较为少见。这并不意味着负反馈在实际中不存在或存在量较少，而是基于报喜不报忧的窠臼、害怕被否定甚至追责、媒体针对公权力机关往往倾向于正面报道等各方面原因，其无法被及时有效传递到决策者手中。依照管理学中的常识性原理，"成功的经验往往不易复制，而失败的教训则更为珍贵"。盐田智慧法院建设的决策者对探索过程中的负反馈一向予以足够的重视，一是态度正面，善于搜寻和发现这些负反馈，不掩耳盗铃；二是积极应对，针对这些负反馈进行深入研究，分析原因，及时纠偏，快速迭代，从而使考核中的暂时"低分"成为调整修正的"对照样本"，使之成为完善发展的契机和激励。

2. 以共同战略实现建设历史周期跨越

在社会深刻变革、全球化竞争加剧、信息化快速发展的背景下，传统西方法治的所谓超脱、保守、被动，逐步显示出回应社会变革的动力不足、感受民众需求的压力不够、运用现代技术的能力不强等问题，导致诉讼程序繁冗、诉讼效率低下。而中国法院则能够在党的领导下，及时适应社会变革、回应民众需求、融合现代技术，不断凸显制度优势。[①] 司法工作要顺应科学技术的发展，也必须要现代化。可以说，现代科技在司法工作领域的运用正是这种现代化的标志。"社

---

① 何帆：《"全球最佳实践者"评价背后，凸显中国司法5大制度优势》，中国新闻网，http://chinanews.com/gm/2019/10-28/8991619.shtml，最后访问时间：2020年10月15日。

会科学化——科学向社会机体的全部毛孔进行全面渗透的纪元开始了。"①

对于智慧法院建设而言,其必然也要按照信息技术发展规律和司法规律经历一定的周期。对于这些必经周期,智慧法院建设的决策者和推动者要具有理性认识,审时度势、把控阶段,顺应时代要求,将这些周期转换好。不做盲目跟风、不知其所以然的"战略流浪汉"或"战略墙头草",更不做对外部变化反应迟钝、对百年未有之大变局视而不见的"战略恐龙",而是牢牢抓住"千载难逢的历史性机遇",打破界限,及时成长。当一层技术天花板打开,一层新空间出现,就不可避免走入一个"无人区"。只有坚决地走出去,从惯性中抽离出来观望全局,主动选择出最有效的动作,保持战略勇气和战略定力,智慧司法的新世界才能在眼前不断展开。

第一,从初步建成迈向全面深化。自从智慧法院建设目标提出以来,在最高人民法院的领导和指引下,在全国法院系统的共同努力下,智慧法院建设已经取得了令人瞩目的成果和成绩。虽然成绩总体令人满意,但智慧法院建设推进中还存在很多这样或那样的问题,还面临不少这样或那样的困难,比如重硬件轻软件的

---

① 龚祥瑞、李克强:《法律工作的计算机化》,载《法学杂志》1983年第3期。

问题、很多司法信息技术应用不足的问题、消融"信息孤岛"而实现信息化与智能化机制融会贯通的困难、数据应用不充分及构建大规模司法知识库的困难等等。这就意味着,在周期转换方面,我们要有清醒的认识,继往开来、蓄力以发,出台新的举措,将智慧法院建设从"初步建成"阶段推至"全面深化"阶段。

第二,从3.0版迈向4.0版。截至目前,人民法院信息化建设取得显著成效,以"三全三化"为标志的智慧法院3.0版主体框架已然确立,且正在向纵深化不断迈进。卷宗电子化随案生成等"智慧审判"的基础性工作扎实推进,法官和司法辅助人员的事务性工作逐步被人工智能所替代,审判系统对法官的辅助功能不断完善,移动办案正在不断发展。在不久的将来,随着智慧法院建设周期的转换,必然会迎来人民法院信息化4.0版的目标提出与践行阶段。与人民法院信息化3.0版相比,人民法院信息化4.0版肯定在更大程度上体现"智慧化"的特征与属性,我们必须认清大势所趋,现在就要做好各方面的思想准备和前期工作,为迎接人民法院信息化4.0版的到来扎实努力。

第三,从数据中心迈向知识中心。就目前的智慧法院建设阶段而言,虽然正在全面推动大数据分析技术在司法活动开展与司法机制运行中的实际运用,且已经全面搜集了相关司法数据形成了数据库及数据中心，但如何通过信息技术应用利用好这些司法数据，相关的实际工作效果并不明显。这也是目前继续推动智慧法院建设面临的重大课题之一。在下一阶段的智慧法院建设中，要切实实现从数据中心向知识中心的转变，以建构大规模司法知识库为总目标，以通过技术手段有效应用这些数据及知识为基本途径，开创信息技术革命时代司法知识大规模应用进而升级智能化水准的司法工作新局面。

第四，从智能到智慧。就总体而言，立足长远发展，适时把握周期，在未来发展趋势方面，还是逐步实现智慧法院建设从"智能"到"智慧"的深刻变革。所谓"智能"，是智力和能力的总称，应用到社会管理机制当中，其寓意就是希望相关的机制与设施拥有和人类类似的智力和能力，以更好地服务于人类。而"智慧"概念的提出，则是对"智能"的升级。以往论及智能，不论如何，都暗含尽量让外在工具具备人类的属性但其实无法达到的意思，而智慧则是指外在工具真正具有能够和人类相匹配甚至超越人类的智力和能力。以信息化及智能化的视角来看，近年来信息技术突飞猛进的发展变化正在动摇这种观点的根基。因此，对于从智慧法院建设的长期发展来看，我们也要顺应时代发展的需要，不断提升司法运行机制的智能化水平直至实现真正意义上的"智慧化"。

3. 以共同文化引领智慧法院持续发展

文化是制度诞生之源。在司法文化的深刻影响下,相关的司法机制与司法制度得以诞生。如前所述,智慧法院建设整体推进需以制度建设为先,而在根本意义上,制度的产生并非变革推动者闭门造车的产物。一种文化诞生一种制度,而制度反过来必定强化这种文化,该种文化又会催生新制度,这样的相辅相成,便形成了制度的变迁。相应的,智慧法院建设相关制度建构,也一定是司法文化分支中特定文化的产物。明确这一点,对于深化智慧法院建设的理解大有裨益。其使我们在谋划智慧法院建设时,不仅要关注制度建设、机制建设,还要关注文化氛围营造和良性文化培育。文化的力量凸显往往是潜移默化的,但又是威力显著的。对于智慧法院建设这样一项规模巨大的长期系统工程来说,没有相应的文化底蕴加以支撑,是不可能长久维系的。

在司法机制与司法流程信息化及智能化的过程中,前沿信息技术及应用扮演了不可或缺甚至是核心作用,与智慧法院建设相适应的司法文化就必将是一种蕴含了信息技术哲学与理念的司法文化。如前所述,司法信息化与智能化过程中,司法活动开展及司法机制优化面临在一定程度上被技术"绑架"的风险，那么如何以司法文化正确引领智慧法院建设中信息技术应用的发展方向就应该成为决策者面临的重要课题。与此同时，弘扬先进文化还具有凝聚人心、培育信念的功能。这一点，在以往的智慧法院建设中往往被忽略，理念弘扬不深入，文化营造不充分。因此，在未来的智慧法院建设中，要充分重视文化引领的力量，以期进一步凝聚司法共同体的理想信念，汇成最大合力，实现宏远目标。

后　记

　　与社科院的专家团队谈及写作此书的动议时，盐田法院的无纸化刚好走过两年整的时光。彼时，我们从未想过做的这样一番"无纸化"的工程，最后会以这样具象的"有纸化"来体现。

　　时间回到三年多以前。2017年4月，广东省高级人民法院宣布盐田法院作为"智慧法院"建设试点单位，那时"智慧法院"对于我们，还只是存于头脑中的概念，究竟怎么建，要建成什么模样，没有人有清晰的思路。怎样让传统的司法审判插上"智慧"的翅膀，逐步网络化、阳光化、智能化，我们也是逢山开路、遇水架桥，立规则、找方法、搭平台一步步走过来，直到电子卷宗随案同步生成系统这个成果落地，我们心里的蓝图才日益清晰。

　　2017年12月，广东省高级人民法院在盐田法院召开现场会，会议的主题之一即是在全省法院推广电子卷宗随案同步生成系统。这种被认可的高兴劲儿还没过去，杨爽院长便在一次聊天中提出了无纸化办案的设想，当时我们都觉得这件事儿有点遥远，调侃着说，"法官办案怎么可能离得了卷宗呢。"

没想到杨院长当时已经是铁了心。"全流程网上办案的平台已经有了，如果不推无纸化，平台的效用就没有办法真正发挥出来。"

回想起来，也许是十几年的信息化基础确实给了我们底气，也许是电子卷宗系统的成功运行让我们信心大增，亦或是盐田法院骨子里的那股闯劲儿，我们就这样走上无纸化的探索之路。条形码、密集柜、智能编目、中间存储、自动打码、一键归档……一步步走，一步步试。感谢每一位参与建设过程的法官、助理、技术人员，大家都反复假设、推演、试错、再来……每个人的思维火花不断地汇聚、碰撞，这套看上去行云流水的操作系统，凝结了无数的智慧、心血和汗水。我们啃下来的每一步成果，都在这本书里呈现给大家了。

如今各地法院的智能化程度已经是遍地开花百家争鸣，我们都没想到当初作为"新宠"当道的"无纸化"，如今已经是智慧法院建设的"标准配置"，甚至是"过气网红"了，日新月异的新科技正在更加积极、深度地融入到我们的审判执行、管理监督和司法研究工作中,"实通智效"的目标,是没有终点的。

所以,这几年在智慧法院建设的路上一路走下来,我们最深的体会就是不能停下前行的脚步。

一份智库报告,凝结了盐田智慧法院建设的心血,却说不尽法院人革故鼎新追求数字正义的不懈努力。如果你是我们的同仁,在看罢此书后,希望你们跟我们一起,继续携手前进在建设智慧法院的路上;如果你是想要在每一个司法案件中感受到公平正义的当事人,那么希望你能够在感知到我们努力的同时,享受到智慧法院建设带来的红利。

在此诚挚地感谢社科院的专家团队,你们本着对中国现代司法高度的责任感,在枯燥、晦涩的事例和数据中不断研习、琢磨,方能将我们的经历进行如此立体的呈现,感谢你们愿意成为基层智慧法院建设成果的解读者、传播者。

愿中国司法在智慧的浪潮中披荆斩棘,其道大光。

此记。

深圳市盐田区人民法院课题组

2020 年 12 月于深圳